Adolf Mannheimer

Die Lehre vom Gedächtnis mit besonderer Berücksichtigung der kindlichen Entwicklung

Adolf Mannheimer

Die Lehre vom Gedächtnis mit besonderer Berücksichtigung der kindlichen Entwicklung

ISBN/EAN: 9783743471498

Hergestellt in Europa, USA, Kanada, Australien, Japan

Cover: Foto ©Paul-Georg Meister /pixelio.de

Weitere Bücher finden Sie auf **www.hansebooks.com**

Einladungsschrift

zu der am 23., 24., 25. und 26. März stattfindenden

öffentlichen Prüfung

der

Real- u. Volksschule der israelitischen Gemeinde

zu

Frankfurt a. M.

Inhalt: 1. Die Lehre vom Gedächtnis mit besonderer Berücksichtigung der kindlichen Entwicklung. Von Dr. Adolf Mannheimer.
2. Schulnachrichten. Von Director Dr. Baerwald.

Frankfurt a. M.

Druck von Kumpf & Reis.

1885.

1885. Progr. No. 372.

Die Lehre vom Gedächtnis

mit besonderer Berücksichtigung der kindlichen Entwicklung

von

Dr. Adolf Mannheimer.

Einleitung.

Das Gedächtnis ist die Grundlage der geistigen Entwicklung, sowohl des Menschengeschlechts im allgemeinen, als der Entwicklung des Einzelnen im besonderen. Ohne das Gedächtnis bestünde das Bewußtsein nur aus zusammenhangslosen Bruchstücken, gäbe es keine Verbindung der einzelnen Sinneswahrnehmungen, keine Sprache — denn kein Bewußtseinsakt würde als der nämliche erkannt und als den nämlichen Zwecken dienend wie ein früherer.

Das Gedächtnis bewahrt und verbürgt gleichsam unser geistiges Eigentum, von seiner Treue, von seiner Sicherheit, von seiner Schnelligkeit, mit welcher es uns zu Diensten steht, hängt im Verein mit den Leistungen des Verstandes unser geistiges Dasein ab. Wenn nicht alles, was wir wahrnehmen, sei es durch zufällige oder absichtliche Wahrnehmung, durch eigene Belehrung, durch den Unterricht unser Eigentum werden könnte, so müßten wir immer von neuem und von dem allerersten Anfang her unsere Denkthätigkeit beginnen und müßten immer denselben Denkakt mit denselben Schwierigkeiten durchmachen wie das erste Mal. Das Gedächtnis erneuert selbst das, was gänzlich für uns verloren schien, oft mit größter Schnelligkeit, wenn nur eine leise Anregung oder eine einmalige Wiederholung stattgefunden hat. Wie rasch erneuert sich in uns die Kenntnis einer Sprache, die wir lange nicht gesprochen und anscheinend vergessen haben, bei kurzer Wiederholung. Oft wenn wir glauben jeder Erinnerung an ein Ereignis verlustig zu sein, bedarf es nur der Erwähnung eines einzelnen Vorgangs, eines einzelnen Merkmals, und das Ereignis steht mit voller Lebendigkeit und Frische vor uns.

Doch nicht allein das, was wir unser geistiges Eigentum nennen, was wir durch Umgang, Erfahrung und Belehrung erworben haben, und worüber wir nach unserm Können und Wollen verfügen, steht unter dem Einflusse des Gedächtnisses und fällt unter diesen Begriff. Alle Verrichtungen des täglichen Lebens, alle unsere Handlungen stehen in Bezug auf Vergangenes und sie würden der Planmäßigkeit, Sicherheit und Bestimmtheit völlig entbehren, wenn diese Beziehung auf Vergangenes nicht vorhanden wäre.

Die Erneuerung eines Vergangenen in unserem Bewußtsein hat die mannigfachsten Formen und Abstufungen, die denkbar verschiedensten Verbindungen. Der Traum, die Phantasieen eines Kranken, die zusammenhangslosen Worte eines Unglücklichen, bei welchem eine andauernde Störung des regelmäßigen Verlaufs des Denkens eingetreten ist, fallen nicht minder unter die Erscheinung der Erneuerung eines Denkinhalts als etwa die Verbindung der Vorstellungen, die der Gebildete aus der Lektüre einer bedeutenden Dichtung schöpft, zu einem harmonischen Ganzen. Und auch der Sprachgebrauch zeigt die weite Ausdehnung des Gedächtnisbegriffs. Bald sprechen wir vom Gedächtnis, als ob es ein Raum, ein Behältnis sei, in welchem unsere Gedanken gleichsam aufgespeichert seien, bald setzen wir es dem Bewußtsein gleich, bald brauchen wir es in einem Gegensatz zu Verstand und Phantasie, bald sprechen wir von ihm als von einer Kraft, die bald stärker, bald schwächer ist.

Und in allen diesen Erscheinungen die größte Verschiedenheit bei den Einzelnen, die überraschendsten Eigentümlichkeiten, die den Versuch erschweren, alle Vorgänge in ein gemeinsames Gesetz zu bringen. Der eine Mensch hat ein hochentwickeltes Gedächtnis für Sprachen, ein anderer für Melodieen, der andere für gehörte Erzählungen, der andere für Farben, für Moden, mit einem Worte: während der eine gerade für einen bestimmten Denkinhalt kein Gedächtnis hat, wird dieser von dem andern bevorzugt. Kinder behalten oft ein bestimmtes Wort, eine bestimmte Regel nicht, oder nur nach langer Einprägung, während sie das Übrige, das an sich nicht schwerer und nicht leichter für das Verständnis ist, sofort behalten. Manche Menschen haben ein treues, manche ein schwächeres Gedächtnis, der eine behält wörtlich, der andere dem Sinne nach. Welcher Unterschied zwischen dem Idioten, der ganze Seiten wörtlich aufsagen kann, da seine Sinnnesorgane dieselben aufnahmen wie eine Membran einen Schall, dem Wilden, der mit seinem ungeschwächten, empfänglichen Gedächtnis die gehörte Predigt des Missionärs wörtlich wiederholt, dem hochgebildeten Manne, der lange Stellen aus einem Drama recitiert und dem Gelehrten, der wohl den Inhalt eines Werkes oder eines Abschnittes weiß, aber nicht mehr fähig ist sich eine Stelle wörtlich anzueignen. Des einen Gedächtnis ist frei von subjektiven Zuthaten, bei dem andern mischt sich die Phantasie ein und treibt ihr buntes Spiel. Dann zeigt sich wieder ein großer Unterschied in den Erinnerungen, die ein und dieselbe Wahrnehmung bei mehreren Personen hervorruft. Wie verschieden sind die Ideenassociationen, die bei dem Anblick einer Zeusstatue in einem Museum in den Besuchern, je nach ihrem Bildungsgang, wach werden, wie verschieden die Erinnerungen, die der Anblick eines dahinsausenden Eisenbahnzuges, eines telegraphischen Apparates in dem Beschauer erweckt, je nach dem Beruf, der Erfahrung, dem Bildungsgang und dem Alter des Beschauers.

Die hohe Bedeutung des Gedächtnisses liegt jedoch nicht allein darin, daß es die Einheitlichkeit, die Planmäßigkeit und Sicherheit des Denkens ermöglicht und daß es uns in den Besitz eines geistigen Eigentums setzt. Seine Bedeutung wird vermehrt durch die allmählige Gestaltung alles dessen, was Inhalt des Gedächtnisses geworden ist, im Bewußtsein und durch die Wirkungen, welche der Gedächtnisinhalt auf das Verhalten des Menschen, auf Triebhandlungen, auf die Ausbildung des Charakters, der Neigungen, der Gewohnheiten hat.

Wir bemerken endlich, daß sowohl Zustände des Körpers als der Seele von Einfluß auf die Erscheinungen sind, welche wir unter dem Begriff des Gedächtnisses zusammenfassen, und es wäre die Frage aufzuwerfen, ob wir bei jedem Zustand des Körpers und der Seele, bei jeder Äußerung des Seelenlebens von Gedächtnis reden dürfen. Die Untersuchung, worin das Wesen des Gedächtnisses besteht, welche Erscheinungen unter den Begriff desselben fallen und welche Bedeutung es für die Seelenthätigkeit hat, birgt somit große Schwierigkeiten und berührt die interessantesten, aber auch zugleich dunkelsten Gebiete der Forschung über das Geistesleben. Selbstverständlich können wir diese Fragen hier nicht in umfassender Weise behandeln. Wir müssen uns begnügen, einige Gesichtspunkte aufzustellen, welche für die Beurteilung derselben maßgebend sind, und hierbei sind es selbstverständlich solche Gesichtspunkte, welche für die Erziehung in Betracht kommen. Denn einerseits giebt das Leben des Kindes sehr wichtige Aufschlüsse über die Entwicklung des Seelenlebens, andererseits wendet sich die Erziehung in erster Linie an das Gedächtnis des Kindes. Dabei gehen wir allerdings nicht so weit, wie es in der neuesten Zeit Alexander

Bain¹), einer der bedeutendſten ſchottiſchen Pſychologen, gethan, die Pflege des Gedächtniſſes als „die oberſte Frage der Erziehungskunſt" anzuſehen. Wir betrachten nämlich einen anderen Satz deſſelben Forſchers: „Der Geiſt hebt mit Unterſcheidung an" als ebenſo wichtig für die Erziehung als die Erkenntnis der Bedeutung des gedächtnismäßigen Wiſſens. Unterſcheiden, Urteilen und Schließen, mit einem Worte: die freie Entfaltung der Seelenthätigkeit iſt nicht minder eine weſentliche Bedingung des geiſtigen Daſeins, wie die Aneignung von Wiſſen, iſt alſo auch eine elementare »conditio sine qua non«, wie ein Beurteiler Bains das Gedächtnis mit Recht genannt hat.²)

Abſchnitt I.
Weſen des Gedächtniſſes. Verſuch einer Begriffsbeſtimmung.

Kapitel I.
Das Gedächtnis in ſeiner einfachſten Erſcheinungsform.

Überblicken wir die neuere Litteratur über das Gedächtnis, ſo finden wir nach zwei Richtungen hin einen Mangel. Die philoſophiſche Beobachtungsweiſe behandelt das Gedächtnis im Großen und Ganzen nicht einheitlich, ſie handelt von ihm bald in der Lehre von der Seele und dem Bewußtſein, bald in der Lehre von der Wiedererneuerung, bald bei den Trieben und dem Inſtinkt, und behandelt dann wieder das Gedächtnis als beſondere Erſcheinung, nämlich als die unveränderte Erneuerung der Vorſtellungen.³) Die phyſiologiſche Betrachtungsweiſe hat den Gedächtnisbegriff verallgemeinert; ſie betrachtet das Bewußtſein als etwas unweſentliches für denſelben und ſpricht neben dem pſychologiſchen Gedächtnis, das mit Bewußtſein verbunden iſt, von einem biologiſchen, das ſelbſt der einfachſten Lebensorganiſation zukäme. Wir gehen in der nachfolgenden Darſtellung davon aus und werden die Berechtigung dieſer Auffaſſung nachweiſen, daß wir an dem Gedächtnis als einer Erneuerung eines Bewußtſeinsaktes in der Seele feſthalten müſſen, wie denn auch ſowohl von Vertretern der phyſiologiſchen Richtung als der philoſophiſchen Forſchung es an Widerſpruch gegen dieſe Ausdehnung des Gedächtnisbegriffs nicht gefehlt hat.⁴) Dabei verkennen wir nicht das große Verdienſt der phyſiologiſchen Betrachtungsweiſe, darin beſtehend, daß ſie die große Bedeutung der Wirkung des Gedächtniſſes klargeſtellt hat, indem ſie nachwies, welche Folgen für die Organiſation und das Verhalten des Menſchen es hat, wenn Vorſtellungen, Handlungen, Bewegungen Eigentum des Gedächtniſſes geworden ſind.

---

¹) Alexander Bain, Erziehung als Wiſſenſchaft. Internationale wiſſenſchaftliche Bibliothek. Band 45. Leipzig 1880.
²) Friedrich von Barrenbach in Fichte's Zeitſchrift für Philoſophie. Jahrgang 1881 p. 298.
³) Die älteſte Abhandlung über das Gedächtnis ſtammt von Ariſtoteles, im übrigen hat von den mnemo-techniſchen Schriften abgeſehen, erſt die Neuzeit begonnen, ſich mit dem Gedächtnis in beſonderen Schriften zu beſchäftigen. Wir nennen von den neueren Erſcheinungen als die wichtigſten:
   Huber, Das Gedächtnis, München 1878.
   Hering, Das Gedächtnis als Funktion u. ſ. w., Wien 1876.
   Henſen, Über das Gedächtnis, Kiel 1877.
   Koch, Über das Gedächtnis, mit Bemerkungen über deſſen Pathologie, in Fichte's Zeitſchrift, 1881.
   Ribot, Les maladies de la mémoire, Paris 1883.
   Du Prel, Das Erinnerungsvermögen, Kosmos, Bd. 13, Stuttgart 1883.
   Ebbinghaus, Über das Gedächtnis, Leipzig 1885.
⁴) Wir nennen von den Vertretern der phyſiologiſchen Richtung Wundt (Phyſ. Pſychologie, Leipzig 1880, Bd. II, p. 319).

Indem wir nun den Begriff des Gedächtnisses festzustellen suchen, schlagen wir einen andern Weg ein als den gewöhnlichen, der vom Zusammenhang des Körpers und der Seele ausgeht und mithin nur auf Vermutungen sich stützen kann. Wir benützen nämlich einen Begriff, den erst die neuere Psychologie in ihre Betrachtungsweise eingeführt hat: den der Arbeitsleistung. Und in der That ist der einzige Anhaltspunkt, der uns mit unumstößlicher Sicherheit gegeben ist, der, daß das Gedächtnis eine Arbeitsleistung des psychischen Organismus ist.

Der psychische Organismus besteht aus Seele und Leib, die in engster Wechselwirkung stehen. Was in unserm Bewußtsein erscheint, nennen wir ein psychisches Geschehen, wie Empfindungen, Handlungen, Bewegungen, Gefühle und Wahrnehmungen. Wie das Auge die Eindrücke der Gesichtsempfindungen vermittelt, so überliefert uns das Gehör reine Schallempfindungen, oder wir vernehmen Wörter, die Äußerung der Rede anderer Personen. Vermittels der Sprache bezeichnen wir die Dinge mit Namen, geben den Vorgängen, den Eigenschaften, die wir an den Dingen wahrnehmen, eine Bezeichnung. Das gehörte und gesprochene Wort ist mit dem Vorstellungsbilde verknüpft, welches uns die Gesichtswahrnehmung liefert. Unsere übrigen Sinnesorgane überliefern uns Empfindungen, Tastempfindungen, Druck- und Temperaturempfindungen, die Empfindungen des Geschmacks, des Geruchs. Daneben erscheinen die Gefühle, Triebhandlungen, Verstandes- und Willensthätigkeit. Alle diese Erscheinungen bilden den Inhalt unseres Bewußtseins, unserer Seelenthätigkeit. Sie erzeugen sich in bunter Wechselwirkung und rufen sich gegenseitig auf's neue hervor. Wir nennen diese Erneuerung das Gedächtnis. Das Gedächtnis läßt alle Vorgänge, die irgend einmal mit einander verknüpft gewesen, von neuem erscheinen, in der Weise, daß wenn ein Glied dieser Verbindung gegeben ist, auch die übrigen Glieder oder wenigstens ein Teil derselben im Bewußtsein erneuert werden.

Ein jedes psychische Geschehen ist mit einer Erregung in den Sinnesorganen und in der Seele verbunden, mithin ist eine jede Äußerung des psychischen Lebens eine Arbeitsleistung oder das Resultat einer solchen. Das Wiederbewußtwerden einer Wahrnehmung, überhaupt eines psychischen Eindrucks muß ebenfalls das Resultat einer Arbeitsleistung sein.

Unterziehen wir die Leistungen des Gedächtnisses einer Prüfung, so erkennen wir, daß sie sich unter drei Formen, als eine Aneignung, ein Beharren und eine Erneuerung eines psychischen Vorgangs zeigen. Diese drei Thätigkeiten sind aber nicht als getrennte Funktionen aufzufassen, sondern die einheitliche Kraft des psychischen Organismus ist, Eindrücke sich in solchem Grade anzueignen, daß sie in ihm beharren und von ihm im Bewußtsein erneuert werden können. Jedoch nicht jede Erneuerung eines Seelenvorgangs ist ein Akt des Gedächtnisses. Wir haben vielmehr folgende Fälle zu unterscheiden.

Wenn ich einen Gegenstand mit den Augen sehe, so entsteht in mir ein Bild dieses Gegenstandes — das Anschauungsbild. Wenn ich ihn auf's neue wahrnehme, so erneuert sich in mir das Anschauungsbild, doch muß hierbei noch kein Gedächtnisakt stattfinden. Denn erst dann, wenn mir der Gegenstand bekannt erscheint, war das Gedächtnis thätig. Die Ursache, daß der auf's neue gesehene Gegenstand uns bekannt erscheint, liegt darin, daß bei der vorangegangenen Wahrnehmung eine Aneignung des Wahrgenommenen seitens des psychischen Organismus stattgefunden hat, so daß nun ein Erinnerungsbild entstand, als ich den Gegenstand zum zweiten Male wahrnahm. Das Erinnerungsbild ist nicht eine Anschauung, sondern eine Vorstellung. Die Vorstellung entsteht, wenn ich mir ein Bild von einem Gegenstand machen kann, auch wenn ich ihn nicht mehr mit den Augen wahrnehme. Somit ist die Erzeugung der Vorstellung bereits ein Akt des Gedächtnisses, denn der erste Eindruck hinterließ eine solche Wirkung auf die Träger der Seelenthätigkeit, daß diese die Elemente des Wahrgenommenen in irgend einer Form bewahrten, und aus diesen die Vorstellung im Bewußtsein selbstthätig erzeugten, auch ohne daß während dieses letzteren Vorgangs der Gegenstand noch weiter angeschaut wurde.

Die Vorstellungen werden also im Bewußtsein erzeugt, auch wenn die ursprüngliche Veranlassung, durch welche sie gebildet wurden, nicht gegeben ist oder wenigstens nicht in derselben Vollständigkeit gegeben ist. Die Vorstellung „Pferd" wird hervorgerufen nicht allein durch den Anblick eines Schimmels oder Rappen, sie kann entstehen durch den Anblick einer Straße, in welcher wir ein Pferd gesehen, durch den Anblick eines Hundes, eines Wagens, kurz sie kann sich bei jeder Wahrnehmung und bei jeder anderen Vorstellung erneuern, zu der sie in irgend einer Beziehung steht oder mit der sie nur einmal, wenn auch nur äußerlich, in Verbindung gestanden hat.

Als ein wesentliches Moment für die Begriffsbestimmung betrachten wir die Erscheinung, daß jedes erneuerte Ereignis andere erneuert, die in irgend einer Beziehung zu demselben gestanden, irgend einmal mit ihm verknüpft waren. Diese Erscheinung hat man den „Mechanismus des Gedächtnisses" genannt und wir nehmen an, daß sie neben der Aneignung das Wesentliche in der Erscheinung des Gedächtnisses enthält. Nenne ich den Namen einer Stadt, z. B. Paris, so entsteht in mir etwa die Erinnerung an die Tuilerien, dann an den Präsidenten Grevy, dann an die gegenwärtig noch stattfindende Unternehmung in Tonkin, und das Spiel dieses Mechanismus würde immer weiter gehen, wenn nicht andere Einwirkungen es unterdrückten, die nun ihrerseits ähnliche Leistungen hervorrufen.

Mithin ist das Gedächtnis die Aneignung eines psychischen Ereignisses in der Weise, daß dieses durch einen andern Reiz als durch unmittelbare Einwirkung des früheren erneuert wird, und mit andern vorhergegangenen Aneignungen so verknüpft erscheint, daß es sowohl diese erneuert als von ihnen erneuert werden kann.

Das Gedächtnis ist mithin kein Raum, kein Behältnis, vielmehr ist es eine Eigenschaft der seelischen Organisation, die sich in der Verbindung und Erneuerung alles dessen zeigt, was einmal auf uns eingewirkt hat. Diese Eigenschaft ist in ihrem innersten Wesen ein Rätsel für uns. Wir können wohl ihren Äußerungen nachgehen und diese unter gemeinsame Gesetze bringen, das Wesen des Gedächtnisses können wir nicht erklären. Die Begriffsbestimmung umfaßt also immer nur die äußere Erscheinungsweise des Gedächtnisses, und die Forschung muß sich damit zufrieden geben, die Erscheinungen desselben richtig zu beobachten und angemessen zu deuten.

Aneignung, Beharren und Erneuerung sind Äußerungen des Lebens, die nicht allein der Seele zukommen, sondern in vielen Erscheinungen der Natur zu finden sind. Die Narbe bleibt dauernd zurück an der Stelle, wo sie entstand und bewahrt ihre charakteristische Form auch in der Weiterentwicklung des Körperteils, an dem sie sich befindet.[1]) Eine gewisse Einwirkung von Lichtstrahlen auf ein empfindliches Blatt läßt einen dauernden Eindruck zurück, und das von ihnen erzeugte Bild kann vermittels einer Einwirkung durch eine Flüssigkeit nach längerer Zeit erneuert werden. Es hat an Versuchen nicht gefehlt, überall da, wo wir Aneignung, Beharren und Erneuerung bemerken, von Gedächtnis zu reden, und diese Wahrnehmung war eines der wesentlichsten Motive, welche einzelne Forscher veranlaßt haben, dem Gedächtnisbegriff eine Ausdehnung zu geben, die über die ursprüngliche Fassung und gewiß auch über die eigentliche

---

[1]) Maudsley in seiner Physiologie und Pathologie der Seele (Deutsch von Böhm, Würzburg 1870) p. 190) vertritt die weitgehendste Ansicht, daß jedes Beharren einer Einwirkung auf den Organismus „Gedächtnis" sei. Dieselbe Ansicht vertritt Lewes, Problems of life and mind, third series p. 57.

Bedeutung desselben hinausgeht. Denn wenn wir auch in gewissen Vorgängen in den einfachsten tierischen Organismen die erste Stufe einer Reihe erblicken, die zu den höchsten Leistungen des Menschen führt, so müssen wir dieser Leistung des menschlichen Gedächtnisses ihre besondere Stellung geben, die sie thatsächlich einnimmt. Das menschliche Gedächtnis ist nicht allein eine Erneuerung von rein mechanischen Vorgängen, sondern von Vorgängen im Bewußtsein, zu welchen Erinnerung treten kann. Der Mensch weiß, daß die Vorstellung, die in ihm auftaucht, einer vergangenen Wahrnehmung angehört, er unterzieht sie einer Prüfung durch den Verstand, er weist sie oft zurück, er fragt sich, wann sich in ihm eine Vorstellung gebildet. Mithin müssen wir das menschliche Gedächtnis in Beziehung zum Bewußtsein auffassen, denn nur auf diese Weise bewahren wir uns vor einer später von uns noch zu besprechenden Verallgemeinerung dieses Begriffs, die aus einer Verlegenheit hervorgegangen ist, ähnlichen oder verwandten und im Zusammenhang mit dem Gedächtnis stehenden Vorgängen einen geeigneten Namen zu geben.

Denn da das Gedächtnis eine Aneignung eines Geschehens Seitens des psychischen Organismus ist, so kommt für dasselbe ein Gesetz in Betracht, welches in der Neuzeit eine besondere Beachtung Seitens der Psychologie gefunden hat: das Gesetz der Uebung. Um dem Begriff des Gedächtnisses die erforderliche Abgrenzung zu geben und um die Verallgemeinerung, welche der Gedächtnisbegriff gefunden, auf ihren Wert prüfen zu können, müssen wir auf dieses Gesetz näher eingehen.

Kapitel II.
Die Aneignung durch Übung und Wiederholung.

In innigem Zusammenhange mit dem Gedächtnis stehen Erscheinungen, welche die Übung und die Wiederholung eines psychischen Geschehens zur Folge hat. Daß die Aneignung durch Übung und Wiederholung verstärkt wird, ist zweifellos, und die Wirkung, welche diese Thätigkeiten hervorrufen, ist für das Gedächtnis von größter Bedeutung. Werfen wir daher einen Blick auf die Fassung, welche die neuere Psychologie den von Übung und Wiederholung bewirkten Erscheinungen gegeben hat.

„Jedes Element", so bemerkt Wundt, „wird um so geeigneter zu einer bestimmten Funktion, je häufiger es durch äußere Bedingungen zu derselben veranlaßt worden ist."[1]) Die Uebertragung dieses Prinzips auf die Funktionen des gesammten Nerven- und Muskelsystems hatte zur Folge, daß man einen tieferen Einblick in das Wesen vieler Vorgänge gewonnen, die für die Entwicklung des einzelnen Menschen in körperlicher und geistiger Hinsicht wie für die Entwicklung des Menschengeschlechts überhaupt von großer Bedeutung sind. Ein und dasselbe Gesetz gilt von dem Nerven- und Muskelsystem wie von den Leistungen des Geistes und gewiß hat es bei dem engen Zusammenhang von Leib und Seele seine hohe Bedeutung, wenn ein Forscher bemerkt: „Die tägliche Erfahrung lehrt uns, daß der Muskel um so kräftiger wird, je öfter wir ihn arbeiten lassen. Die Muskelfaser, die anfangs vielleicht schwach auf den Reiz antwortete, den ihr der Bewegungsnerv zuführt, thut dies um so energischer, je öfter sie, natürlich mit den entsprechenden Pausen der Erholung, gereizt wurde. Nach jeder einzelnen Aktion wird sie aktionsfähiger, zur Wiederholung derselben Arbeit aufgelegter, zur Reproduktion desselben organischen Prozesses geneigter. Dabei gewinnt sie an Umfang, weil sie mehr assimilirt als bei dauernder Ruhe.[2]) Auch bei der geistigen Thätigkeit sehen wir die Erscheinung, daß sie durch Übung und Wiederholung erstarkt und so können wir wohl sagen, daß sie an alle Gesetze gebunden erscheint, die für die

---
[1]) Wundt, physiol. Psychol. Bd. 1 p. 225.
[2]) Hernig, das Gedächtnis als Funktion der organisierten Materie, p. 13.

Arbeitsleistung überhaupt gegeben sind, doch sie ist wegen dieser unserer Wahrnehmung noch nicht ein und dasselbe mit anderen Vorgängen, die wir bald da, bald dort erblicken.

Noch eine andere Erscheinung ruft die Uebung hervor: die Bewegungen werden automatisch, wenn sie wiederholt eingeübt wurden. In seiner Abhandlung über das Gedächtnis bemerkt Hering über diese Erscheinung folgendes:

„Die meisten Bewegungen, welche der Mensch ausführt, sind das Ergebnis langer, schwerer Einübung. Jenes harmonische Zusammenwirken der verschiedenen Muskeln, jenes fein abgestufte Maß des Anteils, welchen jeder Einzelne zur Gesammtleistung beizusteuern hat, dies alles will bei den meisten Bewegungen mühsam erlernt sein. Wie langsam findet beim Klavierspiele des Anfängers jede einzelne Note ihren Weg vom Auge zum Finger. Und andrerseits, welch' staunenswerthe Leistung ist das Spiel des Geübten. Mit der Schnelle des Gedankens löst jede Note die entsprechende Bewegung aus; ein rascher Blick auf das Notenblatt genügt, um eine Fülle von Accorden erklingen zu lassen. Ja, eine oft geübte Weise kann man sogar spielen, während man nebenbei seine Aufmerksamkeit mit allerlei anderem beschäftigt.

Hier wendet sich nicht mehr der Wille an jeden einzelnen Finger um ihm die gewünschten Bewegungen abzunötigen, hier überwacht nicht mehr die gespannte Aufmerksamkeit ängstlich die Bewegungen jedes Gliedes; hier führt der Wille nur noch den Oberbefehl: ein Kommandowort und alle Muskeln gerathen in die nach Zeit und Maß geregelte Thätigkeit und arbeiten weiter, so lange es im gewohnten Geleise fortgeht, bis ein leiser Wink des Willens ihnen den weiteren Weg anweist (Hering a. a. O. p. 11).”

Bei der Aneignung von Gesichts- und Gehörwahrnehmungen haben wir zwei Formen der Übung zu unterscheiden: Einprägung und Ausübung. Bei der Einprägung wiederholen wir so lange und so oft ein Wort, oder sehen so lange und so oft einen Gegenstand an, bis das Wort oder die Vorstellung gleichsam unser Eigentum ist. Freilich sind wir hierbei oft Täuschungen ausgesetzt. Wir glauben ein Wort uns angeeignet zu haben und einige Zeit haftet es auch in uns, dann plötzlich ist es wieder für uns entschwunden, oft noch fällt es nach einiger Zeit uns von neuem ein, um dann vielleicht für immer uns zu entfallen. Mit einem Worte: Wir können nicht wissen, ob wir eine Kenntnis gänzlich vergessen haben oder ob sie einst wieder in uns auftauchen wird. Die Einprägung soll uns den Besitz einer Erfahrung, einer Wahrnehmung, eines Wissens verbürgen und im allgemeinen läßt sich wohl behaupten, daß die Aneignung durch den Unterricht wiederholte Einprägung verlangt, wenn nicht das Mitgeteilte vergessen werden soll.

Von der Einprägung unterscheiden wir die Anwendung oder Ausübung. Durch die Anwendung des Gelernten, durch die häufige Wiederholung werden die Eindrücke unserem Organismus so innig einverleibt, daß sie unverwischbar und unzertrennlich werden, ja daß sie endlich mit solcher Schnelligkeit sich zusammenfügen, daß der Denkakt uns kaum bewußt wird — es zeigt sich in dem Verlauf unserer Vorstellungen ähnliches wie bei den eingeübten Bewegungen. Sie erhalten ebenfalls durch die Wiederholung einen automatischen Charakter, d. h. die Seele kann um so leichter über sie verfügen, je öfter sie in uns wiederkehrten. Man denke nur, mit welcher Schnelligkeit unsere Gedanken sich vollziehen, nachdem die einzelnen Teile derselben erst auf dem Wege langsamer Einübung von uns erworben wurden. Indem wir lesen: „Das Kriegsschiff scheiterte an Korallenklippen" vollziehen wir auf die leichteste Weise einen Denkakt, während wir in der Schule erst die Begriffe Kriegsschiff, scheitern, Klippe, Korallenklippe ausführlich erläutert werden mußten. Sehr richtig bemerkt Spencer: „Es wäre ein verkehrter Gebrauch der Sprache, wollten wir einen andern fragen, ob er sich erinnere, daß die Sonne scheine, das Feuer brenne, das Eisen hart und das Eis kalt sei.[1]) Diese Vorstellungen werden uns so geläufig und so selbstverständlich, daß wir in ihrer Wiederkehr gar keinen Gedächtnißakt mehr bemerken. Und man wird sehr leicht erkennen, daß der menschliche Geist über einen solchen Apparat mechanisch gewordener Begriffe verfügen muß, denn so wenig der Mensch jeden Tag das Gehen, das Ankleiden von neuem erlernen soll, wenn er nicht sein ganzes Leben mit diesen Thätigkeiten verbringen soll, so wenig darf er immer von neuem einen geistigen Prozeß und von anfang an wiederholen, wenn ein Fortschritt stattfinden soll. Doch indem wir die Vorstellungen anwenden, werden sie für uns nicht Bewegungen, auf die wir nicht mehr zu achten haben, sondern sie sind und bleiben Bewußtseinsakte. Das Bewußtsein zieht sich nicht von ihnen zurück, überläßt sie nicht sich selbst, sondern es verwendet sie als Gegenstand des Denkens. Damit die Seele sich mit den Vorstellungen beschäftigen könne, müssen die Bewegungen des Körpers automatisch werden.

Abschnitt II.
Von der Mitwirkung der körperlichen Organe und des Bewußtseins bei der Aneignung und Erneuerung.

Erste Abtheilung: Die körperlichen Organe.

Kapitel I.
Nachweis der Beteiligung körperlicher Organe an der Aneignung.

So entschieden wir die einseitige Ableitung des Gedächtnisses aus organischen Vorgängen zurückweisen müssen, so läßt es sich doch nicht verkennen, daß gerade das Gedächtnis als Aneignung eines psychischen Eindrucks von organischen Bedingungen abhängt. Schon die Störungen des Gedächtnisses weisen auf diesen Zusammenhang hin, doch auch andere Erscheinungen beweisen es. Idioten sagen lange Erzählungen Wort für Wort, ohne eine Spur von Verständnis auswendig her. Diese Aneignung geschah nur Seitens der Sinnesorgane, welche die Schall- und Gesichtseindrücke aufnehmen, die Beteiligung der Seele ist bei ihnen durch irgend eine Störung oder mangelhafte Entwicklung gehemmt. Im Traum, im Fieber tauchen die Vorstellungen empor ohne Ordnung, teils ohne Zusammenhang, teils in einem Zusammenhang, der uns im wachen Zustande als widersinnig, als lächerlich erscheint. Narkotische Mittel, Gifte, Erschütterung durch Stoß und Druck, Blutverluste und Blutandrang, körperliche Ermüdung rufen teils sehr auffallende Erneuerungen entschwundener Vorstellungen hervor, teils hemmen sie die Aneignung neuer, teils die Erneuerung älterer Vorstellungen oder sie heben das Gedächtnis gänzlich auf.

Es kann keinem Zweifel unterliegen, daß körperliche Zustände auf die Seele zurückwirken und dieses Gesetz muß sich auch beim Gedächtnis zeigen. Für uns kommt besonders in Betracht, daß körperliche Anstrengung und Ernährung auf die Erinnerungsfähigkeit einwirkt. So berichtet der Engländer Henry Holland, daß er nach dem Besuche von zwei tiefen Bergwerken des Harzes an einem Tage auf kurze Zeit sein ganzes Deutsch vergessen habe und erst nach einiger Erholung und Einnahme von Erfrischungen die deutschen Worte wiederfand. Was den Einfluß von Nahrungsmitteln auf das Gedächtnis betrifft, so betonte schon Quintilian die Wichtigkeit der Auswahl derselben für ein gutes Gedächtnis und Alkuin gab Karl dem Großen auf dessen Frage, ob es Gedächtniskunst gäbe, unter anderm auch die Vermeidung der Trunkenheit an.

---
[1]) Herbert Spencer, principles of psychology p. 551.

Wir geben an dieser Stelle die Bemerkungen Kußmauls wieder, die er über die körperlichen Bedingungen des Gedächtnisses aufstellt:

1) Versorgung der Nerven mit ausreichendem Nährmaterial. Erschöpfung durch Mangel an Nahrung, übermäßige Muskel- oder Geistesarbeit schwächt dasselbe.

2) Richtige Blutverteilung, abhängig von Struktur und Innervation der Blutgefäße. — Die senile Amnesie (Verlust, Schwächung des Gedächtnisses im Greisenalter) ist ein Beispiel vom Einfluß des ersten Moments, die vorübergehende bei Fluxionen des Gehirns des zweiten.

3) Richtige Beschaffenheit des organischen Bodens, der aus dem Blute die Nährstoffe aufnimmt. — Das Gedächtnis ist abhängig von angeborner und ererbter Beschaffenheit des Gehirns, der Größe seiner nutritiven Energie (Kraft zur Ernährung) und Entwicklungsfähigkeit.

4) Die nötige Anhäufung assimilirten Rohmaterials, wozu hauptsächlich der Schlaf dient — Nachtwachen schwächen das Gedächtnis (Kußmaul, Störungen der Sprache, Leipzig 1877, p. 37).

Die Beteiligung an dem Zustandekommen des Gedächtnisses geht sowohl von den Organen an der Oberfläche des Körpers aus als von den Centralorganen. Denn die Sinneswerkzeuge leiten die empfangenen Reize zum Gehirn, ist ihre Thätigkeit eine ungenügende, oberflächliche oder ihre Beschaffenheit mangelhaft, so wird auch die Aneignung eine ungenügende sein. Von der Beschaffenheit der Sinneswerkzeuge an der Oberfläche des Körpers, von ihrer normalen Thätigkeit hängt die Aneignung in der Weise ab, daß die Eindrücke nicht anders der Seele vermittelt werden können als es nach der Beschaffenheit und Thätigkeit der Sinnesorgane möglich ist. Schon nach physiologischen Gesetzen werden alle Eindrücke, die zu rasch aufeinander folgen, mit einander vermischt, es entsteht kein abgegrenztes Bild, sondern ein unbestimmter Gesammteindruck.

Auch auf die äußeren Sinneswerkzeuge können Reize eine derartige Nachwirkung hervorrufen, daß das Bild, der Klang, das schmerzhafte Gefühl noch längere Zeit erhalten bleibt. Diese Erscheinung hat man das S i n n e s g e d ä c h t n i s genannt. Wenn wir lange Zeit in die Sonne gesehen haben und dann in ein dunkles Zimmer treten, so entsteht in uns ein Nachbild, das leuchtende Sonnenbild steht vor unserem Auge. Es liegt nahe, bereits in dieser Erscheinung die Gedächtnisthätigkeit zu erblicken, ja das Gedächtnis ausschließlich auf Erinnerungsnachbilder zurückzuführen. Fechner hat solche Bilder, welche in uns kurz nachher entstehen, wenn wir einen Gegenstand gesehen haben, E r i n n e r u n g s n a c h b i l d e r genannt[1]) und wenn wir beobachten, daß Kinder oft auffallend rasch gleichsam im Fluge eine Seite Wörter, ein Gedicht lernen, um dann ebenso schnell das Gelernte zu vergessen, so haben wir es möglicher Weise bei diesem Lernen nur mit Nachbildern zu thun, welche ihrer Entstehung nach nicht von langer Dauer sein können.

Das Nachbild entsteht, wenn ein Reiz längere Zeit auf ein äußeres Sinnesorgan gewirkt hat, so daß in diesem ein allerdings nur kurze Zeit andauernder Zustand hervorgerufen ist. Wir müssen aber annehmen, daß im Großen und Ganzen nur in den Centralorganen durch die Einwirkung der Außenwelt bleibende Z u s t ä n d e hervorgerufen werden und daß durch diese Gedächtniserscheinungen in der Seele hervorgerufen oder doch in ihrem Verlaufe bedingt werden.

Die Centralorgane des menschlichen Körpers, insbesondere ein bestimmter Teil des Gehirns, sind wie neuere Untersuchungen, insbesondere die von Kußmaul in seinem bereits erwähnten Werke hinsichtlich der Sprache, von Munk hinsichtlich der Gesichtseindrücke dargethan haben, an dem Zustandekommen des Gedächtnisses besonders beteiligt. Doch indem wir hier eine Skizzierung der Beschaffenheit der Central-

---

1) Fechner, Psychophysik II. p. 468 f.

organe geben, zeichnen wir nur einen ganz allgemeinen Umriß, wie es die Natur dieser Abhandlung erfordert. Verfolgen wir die nervösen Leitungen von den Sinnesorganen aus, so bemerken wir, daß sie sämmtlich in der Großhirnrinde endigen. Das große Gehirn erfüllt den größten Teil der Schädelhöhle (vorn und oben), es zerfällt in zwei Hälften, die Gehirnhemisphären. Jede Hälfte zerfällt in drei Lappen, in den vordern, mittleren und hinteren Lappen. Wir bemerken eine graue und eine weiße Nervenmasse, die Großhirnrinde wird gebildet aus dem Rindengrau, welches hier eine Art Rinde um die weiße Substanz bildet.

Gehirn und Rückenmark bestehen in ihren mikroskopischen Elemeneten aus einer Anhäufung von Zellen und ihren Fortsätzen. Diese Zellen, die Nerven oder Ganglienzellen, haben meist ein farbloses blasses Aussehen, sie sind mit einem Kern versehen. Ihre Größe ist wechselnd, einige werden von dem unbewaffneten Auge als weiße Punkte gesehen, im allgemeinen sind sie nur dem bewaffneten Auge sichtbar. Die Zellen und ihre Fortsätze (Fibrillen, aus denen die Nervenfasern, gleichsam die Telegraphendrähte hervorgehen) sind eingebettet und werden zusammengehalten durch ein Gebilde aus der Gewebsgruppe der Bindesubstanz.

Störungen an bestimmten Stellen der Großhirnrinde haben auffallende Störungen des Gedächtnisses zur Folge. Diese Erscheinung ist ein Beweis dafür, daß an diesen Stellen die Sinneseindrücke lokalisiert sind, d. h. daß sie dort und nirgends anders eine Einwirkung auf die Centralorgane hervorrufen und daß sie von dieser Stelle aus bewußt werden.[1]

Wir nehmen als bewiesen an, daß jeder Reiz, der auf die Sinnesorgane wirkt, in den elementaren Bestandtheilen der Centralorgane innere Zustände hervorruft, durch welche die Erneuerung der Vorgänge ermöglicht wird, die bei jeder einzelnen Wahrnehmung stattfanden.

Es ist aber jedenfalls durch die erwähnten Vorgänge nur bewiesen, daß wie Wundt treffend bemerkt, „an der Stirnregion des Gehirns Elemente gelegen sein müssen, die den physiologischen Vorgängen, welche die intellektuellen Thätigkeiten begleiten, unerläßliche Zwischenglieder abgeben. (Wundt a. a. O. p. 217).

An diesen Stellen des körperlichen Organismus entschwindet uns jede Spur des sinnlichen Eindrucks, und keine noch so geistreiche Lehre, die auf den großen Entdeckungen der jüngsten Vergangenheit beruht, vermag uns Aufschluß zu geben, wie der Vorgang von den Centralorganen aus ins Bewußtsein tritt.

Wir sind ferner der Ansicht, daß man bei der physiologischen Entwicklung der Lehre vom Gedächtnis dem Verhalten des Bewußtseins selbst zu geringe Beachtung geschenkt hat und betrachten es als ein Verdienst Kochs, unter Anerkennung der großen Bedeutung der Großhirnrinde, dem Bewußtseinszustande, namentlich der Besonnenheit und der Unterscheidung, sowie dem Erfordernis einer Hemmung, die thatsächliche Bedeutung für das Neuentstehen und den Verlauf der Vorstellungen gewahrt zu haben.[2]

Der Bewußtseinszustand wird nicht allein durch organische Prozesse, sondern auch durch die Einwirkung der Außenwelt bedingt. Der Gang der Vorstellungen bedarf der Hemmung durch Eindrücke der Außenwelt, wo diese unvollkommen und schwach einwirkt, da herrscht das innere Leben vor, da entwickelt sich beim Kinde ein Traumleben im wachen Zustande, ganz abgesehen von dem eigentlichen Traum, der Illusion und solchen Störungen des Vorstellungsverlaufs, die wir auch nach dem gewöhnlichen Sprachgebrauche als krankhaft ansehen.

---

[1] Auf die Lokalisatonslehre können wir hier nicht eingehen.
[2] Koch a. a. O. besonders p. 241.

Jedoch bevor wir uns zu der Beteiligung des Bewußtseins an dem Gedächtnis wenden, haben wir uns mit der Frage zu beschäftigen, wie weit das Lebensalter für die Entwicklung dieser Erscheinung in Betracht kommt. Denn es liegt die Vermutung nahe, daß das Wachstum des Gehirns auf die Ausbildung der Gedächtnisthätigkeit von besonderem Einfluß ist, wie auch die Abnahme des Gedächtnisses im Greisenalter wesentlich von organischen Veränderungen verursacht ist.

Kapitel II.
Das Gedächtnis in dem Kindesalter.

Das Kindesalter umfaßt in Ländern mit gemäßigtem Klima zwei Abschnitte:
1) das eigentliche Kindesalter bis zum 8. Jahre,
2) das Knaben- (Mädchenalter) bis zum 14. Jahre.

Vergleichen wir die Ergebnisse der physiologischen und der pädagogischen Betrachtungsweise, so ergiebt sich, daß bereits zwischen dem 3ten und 4ten Lebensjahre eine hohe Empfänglichkeit des Gedächtnisses vorhanden ist, die wahrscheinlich bis zum 7ten Jahre sich steigert und von diesem bis ungefähr zum 12ten Jahre sich gleich bleibt. Diese Fähigkeit der Aneignung ist bereits im 3ten Jahre eine oft ganz erstaunliche. Ihre falsche Verwendung Seitens der Erziehung ist von den schlimmsten Folgen begleitet. Die hohe Aneignungsfähigkeit des Kindes in der Zeit, wo der Organismus besonders empfänglich ist, führt häufig die Eltern und manchmal auch Erzieher von Fach zu einer Ueberladung des kindlichen Gedächtnisses, die sowohl für die körperliche als die geistige Entwicklung schädlich ist.[1]

Wir geben im nachfolgenden die physiologischen Resultate: Man hat berechnet, daß das Gehirn vom zweiten Lebensjahre bis zum vollendeten Wachstum nur noch um ein Sechstel seiner Masse zunimmt, während es vor diesem Alter überaus rasch zunahm und vor allen andern Körperteilen hinsichtlich seines Gewichtes, seiner Masse, seines Wachstums hervortrat. Dann tritt vom zweiten, resp. dritten Jahre ein gewisser Abschluß in der bis dahin sehr starken Entwickelung des Gehirns ein und von da ab wird eine erhöhte Einwirkung auf das geistige Leben des Kindes möglich. Vierordt bemerkt hierüber folgendes: Unsere Erinnerungen an die erste Kindheit reichen kaum in das dritte Jahr zurück; ein einzelnes oder einige wenige Erlebnisse dieses Jahres können in verblaßter Erinnerung zeitlebens aufbewahrt sein, wobei es sich durchaus nicht immer um besonders auffallende Ereignisse sondern öfters um ganz geringfügige Dinge handelt. An das vierte Jahr knüpfen sich schon etwas reichlichere, an das fünfte bereits eine ganze Anzahl mehr oder weniger deutliche Einzelerinnerungen. Mit Unrecht würde man daraus auf eine geringe Stärke des geistigen Lebens überhaupt schließen. — — „Wenn aber das einfach Sinnliche die Aufmerksamkeit des Kindes ganz vorzugsweise erregt, so muß auch das Gedächtnis zunächst auf diesem Gebiete am meisten entwickelt sein; mir ist in Fall bekannt, daß ein 3½jähriger Knabe nicht blos die Namen sämmtlicher Wirbelthiere des Rebau'schen Atlas erlernt, sondern auch, durchaus absichtslos, zugleich die Reihenfolge der Abbildungen in der Art sich eingeprägt hatte, daß er nahezu fehlerfrei von jeder der 300—400 Abbildungen die Namen der Nachbartiere aus dem Gedächtnis anzugeben wußte."

---

[1] Ein lehrreiches Beispiel giebt die Geschichte der Pädagogik an den Kunststücken Basedow's, dessen Emilie im Alter von 3½ Jahren drei Sprachen las! Statt diese Kunststücke an einem Kinde zu vollbringen, gebe man demselben kleine Lieder, kleine Erzählungen und übe das Behalten von einzelnen wichtigen Erscheinungen der Außenwelt, die Namen, das Aussehen von Pflanzen, Tieren u. s. w., kurz: man übe, wie Niemeyer bemerkt, das Einzelne.

[2] Vierordt, Physiologie des Kindesalters bei Gerhardt, Handbuch der Kinderkrankheiten, Tübingen 1877 Bd. 1 pag. 210.

Wir müssen also annehmen, daß das Gehirn des Kindes in einem gewissen Alter von besonderer Empfänglichkeit und von besonderer Fähigkeit ist, Eindrücke zu behalten. Wie erwähnt scheint im siebenten Lebensjahre die Receptivität ihren Höhepunkt zu erreichen, mit dem siebenten Jahre scheint auch die Eindrücke verbindende Thätigkeit sich lebhafter zu entfalten.

Indem wir bemerken, daß das Gehirn Zustände verschiedener Empfänglichkeitsgrade besitzt und daß diese Receptivität in dem Kindesalter am höchsten ist, muß die Erziehung sich eingedenk sein, daß in den Jahren des ersten Schulbesuchs körperliche Verhältnisse von größerem Einfluß auf die geistige Entwicklung sein müssen als später, wie umgekehrt auch die geistige Inanspruchnahme einen erhöhten Einfluß auf die körperliche Entwicklung hat.

Mit dem 12ten Lebensjahre nimmt nach Beneke die Fähigkeit des Auswendiglernens ab. Wir sind der Ansicht, daß in diesem Alter die begriffliche Entwicklung des Lehrgegenstandes mehr in den Vordergrund tritt und daß die mechanische Aneignung immermehr zurücktritt, je lebhafter der Verstand die Gegenstände der ihn umgebenden Welt erfaßt.

Es kann keinem Zweifel unterliegen, daß hierbei individuelle Entwicklung von hervorragendem Einfluß ist. Diese Entwicklung wurzelt sowohl in organischen Bedingungen als in den Einflüssen der Außenwelt als in dem verschiedenartigen Interesse.

Dafür, daß der Mensch vor allen übrigen Geschöpfen zu einer individuellen Entwicklung bestimmt ist, spricht die Thatsache, daß kein anderes Wesen so reich organisirt ist als er; in ihm erscheinen die Sinnesorgane, das Nerven- und Muskelsystem, das Gehirn und seine Bestandteile, in so überaus mannigfaltiger, verwickelter und empfindlicher Zusammensetzung und Verbindung, daß die denkbar größte Verschiedenartigkeit der Entwicklung ermöglicht wird. Die Bestimmung zu einer individuellen Entwicklung erscheint ferner gegeben durch die langsame Ausbildung gerade der Teile, durch deren Vermittlung das Seelenleben Kunde von der Außenwelt empfängt und auf diese zurückwirkt, denn von der Eigenart dieser Organe hängt es ab, wie diese Kunde in unser Bewußtsein gelangt, wie sich das innere Leben abspielt und wie wir auf die Außenwelt zurückzuwirken suchen. Indem sich diese Teile sehr langsam entwickeln und zwar in ununterbrochener Wechselwirkung mit der Außenwelt, ist die Möglichkeit einer Beeinflussung durch die umgebende Außenwelt gegeben wie bei keinem anderen Geschöpfe. Das Tier tritt in größerer Vollendung in die Welt als der Mensch. Es dauert nicht lange, so hat das Junge die Eigenschaften und Fertigkeiten, welche der Gattung zukommen und je einfacher und einförmiger die Organisation, desto geringer sind auch die individuellen Unterschiede, die wir bei den einzelnen Tieren einer und derselben Gattung wahrnehmen. „Dem Gehirne des Menschen", so bemerkt ein Forscher, „wie überhaupt seinem ganzen Körper ist ein weiterer Spielraum individueller Entwicklung gegeben, weil ein großer Teil derselben in die Entwicklung nach der Geburt fällt. Es wächst heran unter den Eindrücken seiner Umgebung, bildet sich auf seine Sinne und erwirbt unter solchen Verhältnissen in individuell ausgeprägter Weise das, was dem Tiere gleich in fester genereller Weise gegeben ist."[1]

Wir erkennen jedoch, daß es auch hinsichtlich der Individualität nicht ausschließlich organische Bedingungen sein können, welche bestimmend einwirken, sondern daß Umgebung, Erziehung, Lebensverhältnisse aller Art allmählich die Individualität entstehen lassen, mit einem Worte: es sind auch für die Gestaltung der Individualität Bewußtseinsvorgänge, die neben den organischen Verhältnissen in Frage kommen.

---

[1]) Ewald Hering, über das Gedächtnis als eine allgemeine Funktion der organisirten Materie (Wien 1876) p. 21. Vergl. ferner Wundt, Grundzüge der physiologischen Psychologie (Leipzig 1880) insbesondere Bd. II p. 338 ff.

Wir wenden uns also zu der Beteiligung des Bewußtseins an der Erscheinung des Gedächtnisses und untersuchen die Frage, in welchem Zustande dasselbe sein muß, wenn eine geregelte Gedächtnisthätigkeit stattfinden soll.

Zweite Abteilung: Das Gedächtnis und das Bewußtsein.

Kapitel 1.
Das Bewußtsein als Grundlage der Gedächtnisthätigkeit.

Wir haben bereits früher erwähnt, daß eine Richtung der physiologischen Forschung das Bewußtsein als etwas unwesentliches (accidentielles) bei den Gedächtniserscheinungen betrachtet und von einem organischen biologischen Gedächtnis spricht, welches als eine Leistung des Nervensystems betrachtet wird.[1]) Wir bemerken in Hinsicht auf das menschliche Gedächtnis Folgendes.

Eine Beobachtung der Vorgänge bei dem Lesen und dem Sprechen zeigt uns, daß das Gedächtnis und das Bewußtsein in innigster Wechselwirkung stehen. Wenn wir ein Buch lesen, also eine Reihe von Vorstellungen nach einander in uns aufnehmen, so lesen wir Satz für Satz, Blatt für Blatt. Ein Satz nach dem andern tritt in das Bewußtsein, entschwindet aber auch aus demselben, um einem neuen Satze Platz zu machen. Aber obwohl die Sätze nach und nach wieder aus dem Bewußtsein treten, entsteht in mir ein einheitliches Wissen von dem, was ich gelesen. Im allgemeinen stehen nicht mehr die einzelnen Sätze, sondern eine Gesammtvorstellung vor meinem geistigen Auge, aus welcher Gesammtvorstellung ich die einzelnen Teile wieder ableiten kann.

Bei dem Sprechen unterscheiden wir die Vorbereitung der auszusprechenden Gedanken und die Nachwirkung der ausgesprochenen. Sobald wir nämlich einen Satz gesprochen haben, entsinken die einzelnen Worte desselben und mit ihm der Satz als Redeteil aus dem Bewußtsein, dennoch bildet unser Ideengang ein Ganzes. Das Bewußtsein muß also eine Kette von Beziehungen herstellen, denen wir erst nacheinander durch gesprochene Sätze Ausdruck verleihen, und sowohl bei der Aufnahme als beim Sprechen findet eine Beziehung, ein Zusammenhalten der einzelnen Teile statt durch diese Wechselwirkung von Bewußtseinsvorgängen und Gedächtnisthätigkeit. Ein Beweis für die Notwendigkeit, das Gedächtnis auf Erneuerungen im Bewußtsein zurückzuführen, giebt schon folgende Erwägung: Die Thätigkeit des Gedächtnisses, d. h. die Aneignung wird häufig nur durch Vorkehrungen ermöglicht, die nur eine Thätigkeit des Verstandes sein können. Wenn wir uns die Jahreszahl der Geburt großer Männer genau merken wollen, so suchen wir nach Beziehungen, die uns das Behalten dieser Zahlen erleichtern: 1729 wurde Lessing geboren, 1749 Göthe, 1759 Schiller, 1769 Humboldt. Das Kind erleichtert sich die Aneignung dieser Zahlen durch die Bemerkung, daß in ihnen 9 die Stelle der Einer einnimmt, daß Lessing in seinem Wirken Göthe und Schiller vorausgeht, daß erst ein Zwischenraum von 20 Jahren, dann ein solcher von 10 Jahren folgt. Es behält die Jahreszahl für die Entdeckung des Seewegs nach Ostindien, indem es bemerkt, daß sechs Jahre nach der Entdeckung Amerikas erfolgte (1492). Diese letztere Zahl behält das Kind mit großer Sicherheit, weil die Entdeckung Amerikas ihm mit lebhaften Farben als etwas besonders Ungewöhnliches und Wichtiges geschildert wurde. Oft ist die mechanische Aneignung überhaupt nicht möglich ohne Hülfe des beziehenden Denkens. Ein Kind ist häufig nicht im Stande, eine zusammengesetzte grammatische Regel auch nur wörtlich zu lernen, während es diese mit Leichtigkeit behält, wenn sie ihm erläutert wird.

---
[1]) Wir erwähnen besonders Ribot in seinen Werken les maladies de la mémoire, Paris 1883 und l'hérédité psychologique, Paris 1882.

Eine Wechselwirkung zwischen Organismus und Bewußtsein ist jedoch nicht zu verkennen, andererseits ähneln Erscheinungen des Bewußtseinsverlaufs den Prozessen in der organischen Welt. Wenn eine Vorstellung wiederholt in mir erscheint, so tritt ihr Inhalt für das Bewußtsein mehr und mehr zurück. Ich spreche von einem Sturme auf dem Meere, von einem Schiffbruch, ohne in mir das Bild eines Sturmes, eines Schiffsbruchs immer wieder zu erneuern. Ich lese, daß ein Haus, ein Garten, zu verkaufen ist — das Bild derselben taucht vielleicht flüchtig vor mir auf, doch häufig lese und spreche ich weiter, ohne daß selbst ein schwaches Bild von ihnen in mir entsteht.

Wie anders sieht das Kind den Einband eines Buches an, wie anders der Erwachsene — das Kind verbindet mit der Wahrnehmung eine Menge Beziehungen, die in dem Erwachsenen zu einer Gesammtvorstellung verschmolzen sind, die im allgemeinen nur ein flüchtiges Vorstellen hervorruft. Bei dem Kinde können wir auch am besten beobachten, wie die Vorstellungen allmählich jene Selbstverständlichkeit und freie Beweglichkeit erhalten, durch welche sie, wie bereits erwähnt den automatischen Bewegungen ähneln (s. p. 10). Was es nur mühsam erlernt hat, indem der Erzieher Teil für Teil des zu Lernenden erläuterte, dem Kinde Satz für Satz verständlich machte, das wiederholt dasselbe erst langsam und mit angestrengter Aufmerksamkeit, dann geht die Erneuerung immer leichter und schneller vor sich, bis das Gelernte ihm derartig angeeignet ist, daß die Sprache kaum dem vorauseilenden Gedanken folgen kann.

Auch das Bewußtsein erhält also durch die wiederholte Einwirkung von Vorstellungen seine dauernde eigentümliche Gestaltung, wie Einwirkungen auf den Organismus diesem eine eigentümliche Gestaltung geben, doch die Ähnlichkeit erlaubt uns nicht, auf Einerleiheit zu schließen. Charakter, Gewohnheiten, der geistige Bildungsgrad beruhen auf dem allgemeinen Naturgesetze, daß viele Einwirkungen bestimmter Art auf das Bewußtsein dauernd gewirkt und so eine charakteristische Gestaltung desselben herbeigeführt haben, es ist also ein und dasselbe Gesetz, welches in der organischen Welt wirkt und in der Welt des Bewußtseins erscheint.

Die allmähliche Gestaltung des Charakters entspricht jenem Gesetz in der organischen Welt, nach welchem ein oft wiederholter Eindruck dem Organismus derartig einverleibt wird, daß dieser hiermit seine eigentümliche Form erhält. Der Organismus ändert sich um, indem er den Bedingungen folgt, die in seinem Wesen liegen und je nach seinen Grundeigenschaften wird er durch die neuen gleichartigen Eindrücke seine bestimmte Gestaltung erfahren. So hängt auch der Charakter einerseits von der allgemeinen körperlichen und geistigen Beschaffenheit, anbrerseits von solchen Einwirkungen ab, die sich durch wiederholtes Zusammensein mit der Persönlichkeit verschmelzen. Man hat sogar häufig den Charakter ein Gedächtnis des Willens genannt, wobei freilich übersehen wird, daß die Willenshandlungen vom Charakter abhängig ist und nicht der Charakter von jenen. Herbart versteht unter Gedächtnis des Willens eine Anlage zur Festigkeit des Charakters. Er wundert sich, daß man nicht die Beharrlichkeit der Vorstellungen mit der Beharrlichkeit des Wollens parallelisirt habe. „Soviel ist gewiß, daß ein Mensch, bei dem sein Wollen nicht, gleich den Vorstellungen im Gedächtnis, so oft sich die Veranlassung erneuert, ohne weiteres als dasselbe wieder hervortritt — der sich erst durch Überlegung auf den vorigen Entschluß zurückführen muß — große Mühe haben wird, Charakter zu gewinnen."

„Wo Gedächtnis des Willens ist, da wird auch die Wahl sich von selbst entscheiden. Ohne alle theoretische Überlegung wird der Mensch inne werden, was er lieber wolle und was er lieber opfere, was er mehr oder minder scheue er wird es in sich erfahren. Ein veränderliches Gemüt aber kommt hierin zu keiner reinen Erfahrung. (Herbart, Hartenstein'sche Ausgabe, Leipzig 1851, Bd. X p. 118).

Unsere Gewohnheiten bestehen ebenfalls aus Handlungen, die ursprünglich mit Bewußtsein gepaart waren; wir haben nicht nöthig auseinander zu setzen, daß diese Handlungen derartig automatisch werden, daß wir Angewöhnungen nicht bemerken und sie trotz unseres guten Willens nicht mehr abgewöhnen können.

Auch die Bildung als das Resultat einer Summe von Kenntnissen gehört zu den Erscheinungen, die auf organischem Gebiete eine Verwandtschaft zeigen. Nicht alle Kenntnisse werden im Bewußtsein aufbewahrt, eine große Anzahl derselben geht verloren, und doch entsteht aus denselben, aus der jahrelangen Beeinflussung des Bewußtseins durch die mitgeteilten Kenntnisse ein veränderter Allgemein-Zustand, der sich selbst in der äußeren Erscheinung eines Menschen zeigt.

Doch gerade hier zeigt sich wieder die Unzulänglichkeit der einseitigen Ableitung des Gedächtnisses aus organischen Vorgängen. Denn wenn wir annehmen müßten, daß ein jeder Eindruck neben dem andern in den Centralorganen abgelagert würde, so ließe sich niemals jene Durchdringung und Verschmelzung der Empfindungen und der Vorstellungen erklären, die wir als besonders charakteristisch für die Erneuerung im Bewußtsein ansehen müssen.

Wir glauben, daß ein weiterer Beweis für die Ansicht, daß das Gedächtnis nur auf Bewußtseinsvorgänge zu beziehen ist, darin liegt, daß die eingeübten Bewegungen sofort ataktisch werden, also in regellose übergehen, wenn eine Störung an bestimmten Stellen der Centralorgane erfolgt, also von einem „Muskelgedächtnis" nicht gesprochen werden kann, welches für die Bewegungen bestehen soll. Durch die Central-Organe wirkt das Bewußtsein auf den Organismus ein und empfängt von ihnen die Anregung zu den Leistungen des Denkens und Wollens, doch je weiter unser Forschen bringt, desto räthselhafter erscheint die Wechselwirkung zwischen den Central-Organen und den Bewußtseinszuständen und nur die eine Überzeugung ist es, die wir mit größter Sicherheit erlangen: daß eine Erklärung des Seelenlebens durch rein mechanische Vorgänge unmöglich ist.

Kapitel II.
Von den Bedingungen der bewußten Aneignung.
1. Der Zustand der Besonnenheit. Die Hemmung.

Die Eindrücke, die wir in uns aufgenommen haben, würden sich in regelloser Weise in unserm Bewußtsein erneuern, wenn dieses nicht in einem Zustande wäre, durch welchen sie ihren geregelten Verlauf nehmen können. Dieser Zustand läßt sich mit dem des Gleichgewichts des Körpers vergleichen, nach dessen Aufhebung die Bewegungen nicht mehr in ihrer Regelmäßigkeit und Sicherheit ausgeführt werden können. Den Zustand des Gleichgewichts nennen wir für das Bewußtsein die Besonnenheit, er ist die erste Bedingung der Aneignung. Das Gegenteil von Besonnenheit ist die Zerfahrenheit und diese wirkt auf das Gedächtnis zerrüttend. Die Besonnenheit beruht darauf, daß nur Eindrücke aufgenommen werden, welche den Denkgesetzen gehorchen, und daß ein Wechsel in dem Vorstellungsverlauf stattfinde, der unter der Herrschaft des Denkens steht. Die aufstrebenden Erneuerungen werden in diesem Zustande von der Seele zurückgewiesen oder angenommen und verwertet, um dann von andern Einwirkungen verdrängt zu werden. In dem geregelten Vorstellungsverlauf findet eine Beziehung der Eindrücke aufeinander statt, die den Gesetzen und Thatsachen der Wahrnehmung entspricht. Der ungeregelte Verlauf ist entweder überhaupt zusammenhanglos oder widersinnig. Die Vorstellungen tauchen auf, ohne daß sie durch die Gewalt des Willens, durch das Urteil des Verstands eine Lenkung erfahren. Oft allerdings wirkt ein Eindruck so mächtig, daß er diesen geregelten Verlauf aufhebt oder unterbricht und die Erinnerung an ein Ereignis hat meistens die Aufhebung der Besonnenheit von neuem zur Folge. So empfinden Kinder oft nach Jahren eine panische Furcht vor Tieren, von denen sie in zarter Kindheit ein Leid erfahren, so bewirkt oft schon der bloße Name einer schreckhaften oder verderblichen Erscheinung eine Verwirrung, die oft lange keinen andern Eindruck zuläßt. Die Fähigkeit der Aneignung und die Form der Erneuerung hängt somit von einem allgemeinen Zustand des Bewußtseins ab, und die beste Kunst der Erziehung scheitert in ihren Bemühungen, wenn sie nicht in dem Kinde jenen Zustand des Gleichgewichts findet, der die Bedingung der Aneignung ist.

Da alle Eindrücke, welche wir in uns aufgenommen haben, nach Erneuerung streben und in dem Zusammenhang sich erneuern würden, in welchem sie aufgenommen wurden, so bedarf es einer Hemmung[1]) sowohl um die Vorstellungen niederzuhalten die nicht in den geregelten Verlauf der Gedanken gehören als auch um die Vorstellungen, welche in's Bewußtsein getreten sind, wieder aus demselben treten zu lassen.

Die Hemmung bewirkt somit das Vergessen, das Entschwinden einer Vorstellung aus dem Bewußtsein. Ob ein Eindruck dauernd aus unserm Bewußtsein entschwunden ist, können wir nie wissen, er kehrt oft urplötzlich zurück, nachdem wir schon der Meinung waren, daß er für uns verloren sei. Die Stärke der Hemmung bewirkt oft ein Vergessen der schmerzhaftesten und schmerzlichsten Empfindungen. So soll Pascal sich an die Lösung des Problems des Cycloids gemacht haben, um seine Zahnweh zu vergessen. Oft bemerken Soldaten in der Hitze des Kampfes nicht daß sie verwundet worden. Archimedes überhörte das Getümmel bei der Erstürmung der Stadt. Daß Arbeit das beste Mittel ist, schmerzliche Erinnerungen in uns zu verwischen, ist ein altbewährter Satz und die beste Kunst, in einem Kinde Erneuerung von Gewohnheiten und moralischen Fehlern zu verhüten, ist die Kunst es geeignet zu beschäftigen und anzuregen.

2. Leidendes und thätiges Verhalten. Receptivität und Apperception.

Unser Bewußtsein kann sich sowohl an der Aneignung als an der Erneuerung psychischer Ereignisse in verschiedenen Abstufungen betheiligen, doch unterscheiden wir in diesen zwei Grundformen: entweder ist unsere Seele passiv bei der Aneignung (receptiv), auch die Erneuerung ist durch eine zufällige Einwirkung entstanden, oder sie merkt auf und die Sinnesorgane werden von uns absichtlich in eine Lage gebracht, um Wahrnehmungen zu machen (Anpassung der Sinneswerkzeuge an die wahrzunehmenden Gegenstände) und wir beziehen die Wahrnehmungen aufeinander und suchen absichtlich eine Erneuerung der Eindrücke herbeizuführen. Diese zweite Art unseres Verhaltens nennen wir die

---

[1]) Den Begriff der Hemmung in die Psychologie eingeführt zu haben, ist ein bleibendes Verdienst Herbarts Er geht von der Annahme aus, daß alle Vorstellungen in der Seele fortdauern, jedoch nur in der Form eines Strebens wieder bewußt zu werden. Die Vorstellungen werden aus dem Bewußtsein verdrängt, indem entgegengesetzte Vorstellungen sich hemmen und die eine von der andern in ihrer Stärke herabgemindert oder gänzlich aus dem Bewußtsein verdrängt wird. Wenn die Hemmung aufgehoben ist, tritt die verdrängte Vorstellung wieder in's Bewußtsein. Wenn nun mehrere Vorstellungen mit einander verbunden sind und zwar nach einer gewissen Abstufung, so wird diese ganze Verbindung durch die hemmende Vorstellung verdrängt — ist die Hemmung beseitigt, so tritt jene verdrängte Vorstellung wieder in's Bewußtsein und hebt die mit ihr verbundenen Vorstellungen gleichzeitig mit ihr empor. Auf diesen abgestusten Verschmelzungen, die in's Bewußtsein gehoben werden, beruht nach Herbart der Mechanismus des Gedächtnisses. (Herbart nennt das Gedächtnis die treue Reproduktion, sofern es uns Reihen von Vorstellungen in der nämlichen Ordnung und Folge wiederbringt, wie dieselben waren aufgefaßt worden (s. seine Psychologie Bd. V. der Hartenstein'schen Ausgabe p. 26). Daher ist es durchaus in Sinne Herbarts, wenn seine Schule das Gedächtnis nichts anders als das Vermögen der unveränderten Reproduktion nennt und als seine vorzüglichste Eigenschaft die Treue bezeichnet, mit welcher es das Gemerkte so wiedergiebt, wie es ursprünglich da war. (Lindner, Lehrbuch der empirischen Psychologie, Cilli 1858 p. 77).

Apperception. Jedoch müssen wir bei dieser zweiten Art des Verhaltens unseres Bewußtseins noch den Zustand unterscheiden, in welchem wir nur aufmerksam sind, ohne eine weitere Bearbeitung des Wahrgenommenen in unserm Bewußtsein vorzunehmen, etwa wie wir den Anblick einer Landschaft in uns aufnehmen; wir nennen diesen Zustand Aufmerksamkeit oder einfache Apperception, oder wir nehmen mit dem Wahrgenommenen eine Bearbeitung vor, beziehen es auf andere Wahrnehmungen, auf Vorstellungen und es entsteht eine Ideenassociation. Diese Thätigkeit ist die verbindende Apperception.

Bei dem rein receptiven Zustand sind unsere Sinne vorzugsweise beteiligt und das Bewußtsein tritt zurück. Ein Lichtstrahl, ein Schall, hat nur den Wert eines reflektorischen Reizes, d. h. er veranlaßt ein Zucken der Muskeln, aber einen Wert hat er für das Bewußtsein erst dann, wenn es sich der Quelle zuwendet, aus welcher er stammt. Eine Menge Menschen begegnen uns auf der Straße und gleiten an uns vorüber, wir sehen sie und achten nicht auf sie, aber in einem späteren Zeitpunkt erscheint in uns ein Erinnerungsbild von einer Person, die wir damals gesehen. Wir können uns zwar nicht mehr genau erinnern, wo wir sie gesehen, doch eine bleibende Nachwirkung hat auch dieser Eindruck hervorgerufen, den wir einst gar nicht beachteten. Gegen eine Menge von Eindrücken verhalten wir uns rein negativ, denn sie sind für uns so wertlos, daß sie unsere Aufmerksamkeit nicht erregen. Das Zurückbleiben solcher Eindrücke hängt nur von sensorischen Bedingungen ab, d. h. davon, ob sie die Sinnesorgane in einem Zustande trafen, der für ihre Aufnahme geeignet war, ihre Aneignung ist daher eine sensorische.

Ebenso hängt die Erneuerung solcher Eindrücke von sensorischen Bedingungen ab und wir sehen daher solche Eindrücke besonders im Traum, im Fieber, überhaupt in Zuständen, in welchen das Bewußtsein von körperlichen Vorgängen bedeutend beeinflußt ist, hervortreten. Demnach wäre das Gedächtnis in ein sensorisches und in ein apperceptives einzuteilen und diese Einteilung dürfte dem thatsächlichen Hergang sowohl bei der Aneignung als bei der Erneuerung entsprechen. Ich verlasse damit die bisherige Einteilung des Gedächtnisses in ein logisches und in ein mechanisches, neben welcher oft auch ein ingeniöses Gedächtnis angenommen wird. Die folgende Ueberlegung dürfte noch weiter darthun, wie einseitig diese Einteilung ist.

Die Einteilung in ein logisches, mechanisches und ingeniöses Gedächtnis entstammt der Lehre vom Memorieren und in der Beziehung auf das Memorieren hat sie Kant in seiner Anthropologie entwickelt. Sie findet sich bereits vorgezeichnet in der Art, wie Quintilian die Kunst des Lernens behandelt und entwickelte sich allmählich in den mnemotechnischen Büchern vom 16. Jahrhundert an. Von Kant hat sie die neuere Psychologie entlehnt und diese ist im Großen und Ganzen auch dieser Einteilung treu geblieben. In einigen Werken ist das ingeniöse Gedächtnis weggelassen und gewiß mit Recht, denn dieses ist nur die Kunst, das Gedächtnis zu unterstützen, keine Art des Gedächtnisses selbst.

Das mechanische Gedächtnis nimmt nach der gewöhnlichen Erklärung die Eindrücke nach ihrer zeitlichen und räumlichen Ordnung auf, und gibt sie genau in dieser Ordnung wieder. Häufig findet man die Ansicht, daß die mechanische Aneignung eine verständnislose Aneignung sei, doch diese Meinung ist irrig und schädlich, die mechanische Aneignung kann nicht allein mit Verständnis gepaart, sie soll es auch sein. In der logischen Aneignung verschmelzen die einzelnen Teile, nachdem wir sie oft behufs besseren Verständnisses zerlegt, zu einer Gesammtvorstellung, aus welcher wir durch die rückläufige Erinnerung die einzelnen Teile wieder erneuern dem Sinne nach, doch nicht dem Worte nach.

Diese Einteilung berücksichtigt also nur die absichtliche Aneignung von Wissen, entspricht also nicht der großen Mannigfaltigkeit, den vielfachen Abstufungen, nach welchen wir Eindrücke aufnehmen und nach welchen wir sie in uns erneuern sehen. Dagegen entspricht die von uns vorgeschlagene Einteilung in senforisches und apperceptives Gedächtnis den beiden Erscheinungsformen des Bewußtseins: als ein bloßes Aufnehmen (Reception) und als Beziehung des Selbstbewußtseins zu dem Aufgenommenen (Apperception), mithin dürfte dieser Einteilung eine innere Berechtigung nicht abzusprechen sein.

Abschnitt III.
Die Arten des Gedächtnisses.

I.
Das sensorische Gedächtnis.

Unter sensorischem Gedächtnis verstehe ich die Form der Aneignung, bei welcher das Bewußtsein in einem passiven Zustand ist. Dieses gilt sowohl von der Aufnahme der Sinneseindrücke als von der Erneuerung derselben.

Zur Klasse des sensorischen Gedächtnisses rechne ich die Erneuerung von Empfindungen des Geruchs- und des Geschmacksorgans, die Empfindungen des Muskelgefühls, der Druckempfindungen, der Temperaturempfindungen, insofern eine von den Sinneseindrücken unabhängige Erneuerung derselben möglich ist. Bei den Geschmacks- und Geruchsempfindungen scheint uns dieses insofern möglich zu sein, als schon der Anblick einer Speise, ja selbst die bloße Vorstellung derselben eine Empfindung hervorrufen kann. Auf diese Weise sind Sinnestäuschungen in Bezug auf das Haut- und Muskelgefühl zu erklären — wir glauben einen Schmerz schon bei der bloßen Erinnerung an das betr. Ereignis wieder zu empfinden.

Zu den Äußerungen des sensorischen Gedächtnisses gehört mithin die Erneuerung derselben Gefühle bei dem Wiederbewußtwerden von Vorstellungen, die wir bei der Wahrnehmung bildeten. Die Erinnerung an eine Enttäuschung erfüllt uns mit Bitterkeit, die Erinnerung an einen Erfolg erfüllt uns wieder mit Freude; beide wirken von neuem auch auf unser körperliches Befinden. Auch diese Erinnerungen verblassen so gut wie die einzelnen Vorstellungen.

Wir werden zu dieser Art der Erinnerung die Wirkungen der körperlichen Strafe rechnen, welche dazu bestimmt ist, den Menschen vor einer Wiederholung seiner tadelnswerten Handlung abzuhalten. Ob ein Kind bei dem Anblick eines Obstbaumes, den es um einige Äpfel beraubt, die Schmerzen der Schläge, die es für seine That empfangen, wieder empfindet? Wir glauben, daß die körperliche Strafe in so starkem Maße gegeben sein müßte, um eine Wiedererneuerung des Schmerzgefühls hervorzurufen, daß unter allen Umständen eine derartige körperliche Züchtigung eines Kindes auszuschließen ist. Zur Besserung eines Kindes kann sie also nicht dienen, da dieser bloß eine heftige körperliche Züchtigung erspart bleiben soll, eine schwache körperliche Züchtigung aber jedenfalls keine Schmerzerneuerung zur Folge hat.

Zu dem sensorischen Gedächtnis rechne ich ferner die Erneuerung farbiger Gesichtsbilder. Bei Kindern scheint diese Art des Gedächtnisses allgemein zu sein, doch im späteren Leben verlieren viele Personen die Gabe, sich eine Farbe vorzustellen, völlig, namentlich Gelehrte, die abstrakte Wissenszweige verfolgen. Bei Malern ist diese Art des Gedächtnisses selbstverständlich am häufigsten entwickelt. Auch die Erinnerung von Tönen, die oft mit wunderbarer Beharrlichkeit tagelang uns umgaukeln, gehört zu den Erscheinungen des sensorischen Gedächtnisses.

In Hinsicht auf die Erneuerung der Vorstellungen, trägt das sensorische Gedächtnis den Charakter der Zufälligkeit. Dieses erkennen wir an der Erneuerung der Vorstellungen im Traum, im Fieber, in den Störungen des Bewußtseins und auch in dem Spiel der Phantasie, wenn diese ohne Regelung durch unsern Willen sich dem zufälligen Auftauchen der Vorstellungen hingiebt.

Das sensorische Gedächtnis erscheint ferner da, wo Vorstellungen mit unabänderlicher Gewalt das Bewußtsein beherrschen, wie es bei den Trieben der Fall ist. Der Erhaltungstrieb, der Zerstörungstrieb zeigen solche Erscheinungen, welche oft zu Handlungen führen, bei denen der Thäter selbst nachträglich erklärt, er kämpfe vergeblich gegen sie an, werde aber gleichsam von einer geheimen Macht zu ihnen gegen besseres Wissen und Wollen angetrieben.

Das **sensorische Gedächtnis erscheint vor allem als eine Beeinflussung des Bewußtseins durch die Umgebung zu einer Zeit, wo dieses sich noch mehr empfangend als bearbeitend verhält.** Auf dieser Beeinflussung beruht die große Wirkung der Umgebung auf das Kind, in ihr wurzelt der künftige Charakter.

Als erstes Gesetz für die Aneignung stellen wir den Satz auf: **Jeder Eindruck, ohne Unterschied auf Inhalt, Form, Grad der Klarheit der Auffassung oder Stärke der Aufmerksamkeit kann angeeignet und erneuert werden.**

Selbst zufällige von uns nicht beachtete Eindrücke können im Bewußtsein wiederkehren und kehren oft eher wieder und mit größerer Stärke als eine sorgsam und mit Aufmerksamkeit und Verständnis erworbene Vorstellung.[1])

Einen Beweis liefern die in der Anmerkung erwähnten Fälle, in welchen Fieberkranke gehörte Reden fremder Sprache, die sie nicht verstanden, oder Unterredungen, deren Zeuge sie waren, wörtlich wiederholten; einen weiteren Beweis liefert der Traum, in welchem unbeachtete Eindrücke auftauchen. Oft werden Vorstellungen, Begriffe bewußt, deren Ursprung wir nicht anzugeben vermögen, und namentlich bei Kindern scheinen Eindrücke dieser Art häufig zu sein. Das Gedächtnis nimmt die Eindrücke auf, während das Bewußtsein sich nur leidend, ja gleichgültig gegen sie verhält oder sie doch inhaltlich nicht zu fassen vermag[2]) — in späteren Zuständen tauchen diese Eindrücke plötzlich auf, zufällig, vielleicht durch

---

[1]) Wir erwähnen einen oft angeführten Fall von einem Mädchen, welches im Alter von 26 Jahren von einem Fieberanfall ergriffen wurde und während des Deliriums hebräische, griechische und lateinische Stücke hersagte. Sie war als Waise im Alter von 11 Jahren von einem sehr gelehrten Pfarrer aufgenommen, der nach Tische diese Stücke recitierte und sie hatte in der Küche sitzend Stücke gehört. Ein anderes Beispiel bietet der Fall, daß ein im Dienste eines Diplomaten stehender Kammerdiener im Fieber die Gespräche wiedergab, deren Zeuge er gewesen (wobei jedenfalls neben seiner Treue auch sein geringer Bildungsgrad Veranlassung war, daß man ihn als Zeugen bulbete). Als der Diplomat ihn nach der Wiedergenesung als Sekretär benützen wollte, ergab sich seine völlige Unbrauchbarkeit. Ein Rostocker Bauersmann sagte im Fieberanfall die griechischen Anfangsworte des Johannesevangeliums her, die er vor 60 Jahren vernommen.

Man vergleiche Maudsley a. a. O. p. 14. Eine besonders reiche Sammlung ähnlicher Fälle gibt Taine, de l'intelligence humaine (Paris 1878) Bd. 1 p. 133. Huber, das Gedächtnis, München 1878 p. 35. Du Prel, über das Erinnerungsvermögen, Kosmos, 7. Jahrgang, Stuttgart 1883, Volkmann von Volkmar, Lehrbuch der Psychologie, Cöthen 1875 p. 179.

Einen Versuch, alle diese abnormen Erscheinungen des Gedächtnisses unter gemeinsame Gesichtspunkte zu bringen und nach Gesetzen zu erklären, machte Ribot in seinem Werk: Maladies de la Mémoire (2. Auflage), Paris 1883. Bedeutendes auf diesem Gebiet hat auch Kußmaul geleistet in seinen Störungen der Sprache (Leipzig 1877).

[2]) Fälle dieser Art s. Taine a. a. O. I p. 132, ferner Manri, le sommeil et les rêves, Paris 1878 Maury berichtet, daß ihm drei Eigennamen verbunden mit dem Namen einer französischen Stadt nicht aus dem Sinne kommen wollten, er wußte nicht, woher er sie hatte und was sie bedeuteten. Endlich fiel ihm ein altes Zeitungsblatt in die Hände und er las eine Anzeige von Mineralwassern unter Angabe der Apotheker in den wichtigsten Städten Frankreichs, wo diese Mineralwasser verkauft wurden. Und hier standen auch die drei unbekannten Namen, die Maury's vortreffliches Wortgedächtnis ohne sein Wissen behalten hatte. Und wie häufig nehmen wir unbewußt Eindrücke in uns auf, von denen wir später nicht wissen, wo wir sie erworben.

innere Reizung, doch nun treffen sie auf Verständnis und sind von bedeutender, oft entscheidender Wirkung für das ganze Leben. Eindruck verbindet sich mit Eindruck in den verschiedensten Graden des Bewußtseins und des Verständnisses, und so erklärt sich die große Macht, welche selbst die unverstandene Umgebung auf das Kind ausübt.

Die Frage, ob ein Eindruck bleibt oder nicht, hängt somit nicht allein von dem Verständnis ab, sondern von dem Grad der Empfänglichkeit. Die Empfänglichkeit wird bedingt durch Zustände des Gehirns, sie wird ferner bedingt durch den Bildungsgang, den ein Mensch durchmacht und namentlich dieser kommt hier in Betracht. Denn es ist auffallend, daß die Personen, von welchen jene wunderbaren Leistungen im Fieberwahn berichtet werden, nur eine geringe Bildung besaßen, womit die ebenfalls erwähnte Thatsache übereinstimmt, daß Idioten oft ein staunenswerthes Gedächtnis besitzen. Daraus scheint hervorzugehen, daß, je größere Leistungen dem Verstande zugemutet werden, desto geringer die Empfänglichkeit für unwillkürliche Eindrücke wird, wenn diese nicht gerade auf eine besondere Disposition, vor allem auf mächtig wirkende Triebe stoßen.

Auch hier sehen wir, daß der Satz, daß Arbeit das beste Mittel ist Eindrücke vergessen zu lassen, seine Richtigkeit hat. Die Eindrücke in der Jugend sind allerdings sehr dauerhaft, sie dauern aber nur unbewußt fort, wenn andere Eindrücke sie verdrängen, die für das Interesse von größerem Werte sind. In hohem Alter verschwinden diese letzteren, und die Eindrücke der frühesten Jugend treten hervor.

Auch diese Erscheinung ist eine Leistung des sensorischen Gedächtnisses, doch auf ihre Begründung müssen wir hier verzichten.

Eine Wirkung des sensorischen Gedächtnisses heben wir hier besonders hervor: Was einmal fehlerhaft angeeignet ist, ist nur schwer zu ändern, da der Eindruck in den Sinnesorganen eine Nachwirkung erregt, die oft mit großer Beharrlichkeit bleibt. Je schwächer das Kind, je jünger es ist, desto weniger Anteil nimmt das Bewußtsein, desto mehr überwiegt das sensorische Gedächtnis. Daher ist eine fehlerhafte Unterweisung in frühester Kindheit oft von schweren Folgen für die gesammte geistige Entwicklung begleitet.

Eltern sollen deshalb dem Schulunterricht nicht vorgreifen. Was fehlerhaft gelehrt, sucht immer in seiner fehlerhaften Erneuerung wieder zu kommen, und nur mit der größten Anstrengung ist es möglich eine Verbesserung herzustellen; immer bleibt eine Spur der fehlerhaften ersten Aufnahme zurück. Diese Erscheinung bezieht sich sowohl auf die sachliche Mangelhaftigkeit als auch auf die Art der Aufnahme. Eine falsch gegebene Regel wird von dem Kinde immer wiederholt, daher ist ein mangelhafter Unterricht viel schlimmer als keiner; eine flüchtige Auffassungsweise, ein oberflächliches Lernen läßt sich oft nur schwer wieder abgewöhnen und meistens nur auf dem Wege, daß das Kind von neuem anfängt, jedoch die alte fehlerhafte Auffassungsweise bricht sich häufig genug von neuem Bahn. Es giebt Kinder, die mit unverwüstlicher Ausdauer denselben Fehler wiederholen, so daß man ihnen mit Sicherheit den Fehler, den sie machen werden, voraussagen kann. Psychologisch interessant ist ferner der Fall, daß Kinder bei der Erlernung eines Gedichts, eines Gesprächs, immer genau an einer und derselben Stelle stocken oder einen Fehler machen — ist diese Stelle passirt, so geht es mit größter Sicherheit weiter. Ihr Bewußtsein steht unter der Herrschaft des physischen Vorgangs, wenn es gelingt eine stärkere Beziehung des Bewußtseins auf den Vorgang herzustellen, die Aufmerksamkeit auf den in Frage kommenden Punkt so anwachsen zu lassen, daß die Bewegung dem Willen unterliegt, so wird die Hemmung der Fehler überwunden. Das mechanische Gedächtnis ließe sich also wohl aus physiologischen Ursachen erklären, nicht aber das Bewußtsein, der Wille, die Aufmerksamkeit.

II.
Das apperceptive Gedächtnis

Kapitel I.
Das Gedächtnis und die Gesichtswahrnehmungen.

Die umgebende Außenwelt tritt an den in der Entwicklung begriffenen Geist weder mit ihrem ganzen Umfang und Inhalt noch mit der Stärke des Eindrucks oder der Klarheit der Anschauung heran, die der Mensch im späteren Leben besitzt. Nur vereinzelt und langsam wirken einzelne Gegenstände auf das Bewußtsein ein, nur allmählich unterscheidet das Kind die einzelnen Bestandteile seiner Sinneswahrnehmungen, in demselben Maße lichtet sich das Dunkel, durch welches die Welt dem Kinde sich verhüllt.

Es sind zunächst nur sehr wenige Eigenschaften und Vorgänge die durch das Tastgefühl, durch Druck und Stoß, durch Licht und Farbempfindungen, Bewegungsempfindungen, Geräusche in dem Kinde Bewußtseinsvorgänge hervorrufen, die mit den Elementargefühlen der Lust und der Unlust combiniert erscheinen. Automatische Bewegungen, Triebbewegungen, reflectorische Reize und primitive Lust- und Schmerzempfindungen sind die ersten Äußerungen des psychischen Lebens.

Auch für die allmähliche Entwicklung des Bewußtseins kommt das Gesetz der Uebung als wesentlich in Betracht, denn bei jeder neuen Wahrnehmung vermehrt sich die Stärke des Eindrucks und der Inhalt der Anschauung, so daß eine zuerst nur schwache und dürftige, dann aber immer stärker werdende Vorstellung entsteht. Das Kind lebt zunächst nur in unmittelbarer Wechselwirkung mit der Außenwelt und erst allmählich entstehen in ihm Erinnerungsbilder früherer Wahrnehmungen in der Weise, daß wenn ein Gegenstand von neuem auf es wirkt, auch die Erinnerung an den früheren Anblick in ihm auftaucht, dann erst tauchen Vorstellungen selbständig auf.

Um dieses zu erläutern, müssen wir auf die Wahrnehmungsthätigkeit eingehen und wählen hierzu die Gesichtswahrnehmung. Beim Sehen handelt es sich zunächst um die Accomobation des Auges. Es bedarf der Einstellung eines Gegenstandes in den Blickpunkt, d. h. in den Centralpunkt des Auges, welcher wegen der gelblichen Färbung, die er zeigt, der gelbe Fleck oder auch die Centralgrube heißt. Dieses Sehen ist das direkte Sehen, alle seitlich gelegenen Bilder werden indirekt gesehen. Das Auge entwirft willkürlich mit einer gewissen Anstrengung durch Veränderung seiner optischen Konstanten scharfe Netzhautbilder der Gegenstände; diese Thätigkeit des Auges nennen wir die Accomobation. Fixiren wir einen Gegenstand, der in der Nähe ist, so erscheint scharf ein Bild auf der Netzhaut und zwar auf der Centralgrube des gelben Flecks, die entfernteren Gegenstände erscheinen undeutlich; fixiren wir aber einen entfernteren, so erscheinen die näheren Gegenstände undeutlich auf der Netzhaut.

Es kommt ferner für unseren Zweck in Betracht die Augenbewegung. „Das Auge bewegt sich auf seinem in die festen Wände der Augenhöhle eingeschlossenen Polster von organischem Gewebe wie ein kugeliger Gelenkkopf in seiner Pfanne. Die wesentlichen Augendrehungen sind Drehungen um einen fixen Mittelpunkt.[1]) Der Zustand der Aufmerksamkeit setzt voraus, daß das Auge die Bewegungen vornimmt, welche für das genaue Sehen nötig sind.

Wenn wir nun einen Gegenstand sehen, so handelt es sich immer darum, ihn in seinen einzelnen Teilen mit Hülfe der Augendrehungen zu durchlaufen und dann die einzelnen Teile zusammenzufassen. Bei den Dingen der gewöhnlichen Umgebung scheint uns dieses freilich nicht der Fall zu sein, sie stehen urplötzlich da. Bei ungewöhnlichen und zusammengesetzten Erscheinungen haben wir aber ganz deutlich

---

[1]) Raute, Physiologie, 3. Auflage, p. 729. 743.

das Gefühl, daß unser Auge sie erst in ihren einzelnen Teilen erfassen muß, um ein richtiges Bild zu erhalten. Jeder einzeln angeschaute Teil wird dem Gedächtnis überliefert, das Auge kehrt, nachdem es alle Teile durchmustert, wieder zurück und durchläuft die Teile von neuem, und indem die dem Auge entschwindenden Teile nunmehr angeeignet sind, setzt sich aus der Wiedererneuerung derselben das Gesammtbild zusammen. Das Gesetz, daß nach der Verknüpfung von Vorstellungen eine Vorstellung die andere hervorruft, muß auch für die einzelnen Teile einer Vorstellung gelten und so erneuert sich durch die neue Reizung Seitens eines Teiles der Wahrnehmung die übrige Reihe.

Einen Beweis für diese Lehre erblicken wir in der Illusion, welche die Bühne in uns hervorruft. Wenige Pinselstriche genügen und das Bild einer Landschaft steht vor uns — die einzelnen wahrgenommenen Teile rufen das Gesammtbild hervor.

Zu diesem Gesetz gesellt sich auch hier das Gesetz der Uebung und Wiederholung[1]), welches uns lehrt, daß eine zuerst nur langsam ausgeführte Reihe von Bewegungen endlich nur bei geringem Reiz und mit solcher Schnelligkeit eintritt, daß sie uns blitzartig und automatisch scheinen. Ferner müssen wir das ebenfalls von uns erwähnte Gesetz in Betracht hinzuziehen, daß eine oft wiederholte und angewendete Vorstellung und Wahrnehmung ärmer an Aufmerksamkeit erregenden Beziehungen wird, dafür aber an Übersichtlichkeit, Beweglichkeit und Vermehrungsfähigkeit gewinnt.

Wenn wir über einen freien Platz in einer Großstadt gehen, auf welchen viele Straßen münden, der eine Menge reich ausgestatteter Läden besitzt, auf welchem ferner der lebhafteste Verkehr von Fußgängern und Wagen herrscht — so erhalten wir anfänglich nur einen unbestimmten und ganz allgemeinen Eindruck von dem bunten Bilde auf demselben. Aber je öfter wir über diesen Platz gehen, desto deutlicher wird das Bild, das wir nun mit immer größerer Schnelligkeit beim Anblick dieses Platzes erhalten, die Läden, die glänzenden Schilder und Aufschriften an den Häusern wie die Personen — wir übersehen sie mit einem Schlage, und selbst kleinere Veränderungen bemerken wir fast augenblicklich. Unser Sehen hat in der That genau dieselbe Arbeit vollzogen wie die Muskeln beim Klavierspiel, nur ist die Aufeinanderfolge der einzelnen Vorgänge noch schneller als die bei der Thätigkeit der Muskeln beim Klavierspiel.

Beobachtet man bei schwächeren Kindern, bei denen auch das Gedächtnis ein mangelhaftes ist, die Sehthätigkeit, so findet man häufig, daß man erst diese erziehen muß, um die Denkthätigkeit anzuregen.

In dem Sehen mancher Kinder herrscht die Reflexthätigkeit vor, d. h. innere Reize bewirken eine Unruhe des Auges, die häufig mit der für die Entwicklung des Verstandes so schätzenswerten Neugier verwechselt wird. Die Außenwelt geht gerade an diesen meist auch in ihrer sonstigen Haltung beweglichen Kindern ohne die Einwirkung vorüber, welche für eine fortschreitende Entwicklung des Kindes geboten ist. Ein jeder Eindruck muß eine gewisse Stärke haben und um diese zu erreichen, muß er eine gewisse Zeit im Blickfelde, speziell im Blickpunkte, verweilen. Oft ist aber die innere Organisation des Kindes eine solche, daß das Auge sich in zu großer Unruhe befindet, als daß ein Eindruck mit der hinlänglichen Stärke zur Geltung kommt. Ein lebhaftes Auge sehen wir immer lieber als ein blödes, und gewiß hat diese Vorliebe auch ihre Berechtigung. Nichts täuscht aber mehr als ein Rückschluß auf den Verstand, denn die Lebhaftigkeit des Auges ist häufig nur das Zeichen einer Reflexthätigkeit, mit welcher das Bewußtsein nichts gemein hat. Dem Lernen ist diese Lebhaftigkeit oft geradezu verderblich, denn es findet trotz derselben, oder richtiger infolge der inneren Unruhe, keine geregelte Denkthätigkeit statt. Man sagt gewöhnlich: das Kind denkt an Nebendinge, es ist zerstreut — in Wahrheit denkt es gar nicht, sondern es tauchen in ihm nur Bruchstücke von Vorstellungen flüchtig und unklar auf.

---

[1]) Die große Bedeutung desselben für das Sehen hebt besonders Helmholtz hervor (s. physiologische Optik, Leipzig 1867, p. 431), von dessen Theorie über die Gesichtswahrnehmungen wir hier ausgehen.

Andrerseits gewahren wir bei Kindern eine überaus langsame Anschauungsthätigkeit. Das Kind bleibt zurück, weil es langsam anschaut und schwer faßt — häufig werden aber solche Kinder zu brauchbaren Menschen. Denn das schwere Fassen beruht häufig nicht auf einer Mangelhaftigkeit des Verstandes, sondern ist nur eine allgemeine Disposition des Kindes, in Folge deren die Eindrücke der Sinneswelt nicht mit der Schnelligkeit aufgenommen werden, die wir erwarten. Sie werden nur langsam der Anschauung und dem Gedächtnis übermittelt, aber desto sicherer.

Das richtige Sehen beruht mithin auf einer Anpassung der Sinnesorgane an den wahrzunehmenden Gegenstand, auf der Erfassung desselben durch die Aufmerksamkeit, auf einer Wahrnehmung der einzelnen Teile und ihrer Zusammenfassung zu einer Einheit. Dieses ist dem Kinde nicht von vornherein gegeben. Es irrt wohl von einem Gegenstand zum andern, es ergötzt sich an der Vielerleiheit und Buntheit, aber das Erfassen von Wahrnehmungen in ihren charakteristischen Merkmalen ist nicht seine Sache. Nicht auf einmal und nicht von selbst geschieht letztere Thätigkeit. Das Kind sieht meistens nur einen einzelnen Teil allerdings mit großer Genauigkeit, verweilt bei diesem und springt dann zu einem anderen Gegenstande, um auch hier nur einen Teil wahrzunehmen, erst allmählich gelangt es zur vollständigen Erfassung und zur vollständigen Wiedergabe. Soll es sagen, welche Eigenschaften es an einem Tiere wahrnimmt, so gibt es auffallend wenige Merkmale an. Das Kind muß deshalb zum Besinnen angehalten werden, d. h. es muß genötigt werden, sich zu erinnern, was es gesehen und gehört.

Wenn man ein Kind fragt, was es auf einem Spaziergange gesehen, so erhält man meistens eine dürftige Antwort, weil die wenigsten Kinder gewöhnt sind, sich das, was sie sehen, zu vergegenwärtigen. Sehr viele Kinder sehen ungenau und flüchtig, und ihre Erinnerung entspricht der Oberflächlichkeit ihrer Wahrnehmungen.

Kapitel II.
Das räumliche Gedächtnis.

Unser Gedächtnis für Erinnerungsbilder wurzelt somit in der Anschauung, und wenn wir eine Vorstellung in uns erzeugen, so stellen wir gleichsam die Anschauung durch eine innere Thätigkeit wieder her. Eine jede Anschauung ist aber ein Raumbild, und wir können daher in einem allgemeineren Sinne von einem räumlichen Gedächtnis sprechen als dieses gewöhnlich geschieht. Gewöhnlich versteht man unter Raumgedächtnis eine Fähigkeit, Gelerntes sich räumlich vorzustellen. Es gibt Redner, welche bei ihrer Rede im Geiste die Seite ihres Manuscripts sehen und die einzelnen Zeilen und Worte räumlich sehen, Kinder sehen die Seite und den Abschnitt der Seite vor sich, auf welcher das Gelernte steht; sie schreiben die Zahlen der Rechnung, welche sie im Kopfe rechnen sollen, gleichsam im Kopfe untereinander, und führen in derselben Weise die Rechnung aus, während der Erwachsene häufiger die Stellen nach ihrem Werte von Einern, Zehnern, Hunderten u. s. w. zergliedert und die Rechnung succesive ausführt, ohne daß er eine innere Anschauung der Ziffern hat.

Im Allgemeinen treten bei dem Erwachsenen die räumlichen Erinnerungsbilder zu Gunsten des begrifflichen Denkens zurück; es gibt Personen, die jede Fähigkeit für räumliche Erinnerung verloren haben, doch verfügen manche Personen auch im vorgeschrittenen Alter über eine große Klarheit räumlicher Vergegenwärtigung. Die Berufsart scheint hierbei von besonderem Einfluß zu sein. Der Rechenkünstler sieht die ganze Gruppe in seiner Einbildungskraft deutlich vor sich, wie einige unter ihnen selbst berichten. Schachspieler spielen eine Partie Schach aus dem Kopfe oder besser gesagt, im Kopfe. Sie sehen das Schachbrett mit allen seinen Feldern und Figuren gleichsam in einem inneren Spiegel; es genügt ihnen, einen Blick auf das Schachfeld zu werfen, und dasselbe steht in allen Details dann fortwährend vor ihnen. »Je n'ai jamais joué une partie d'échecs«, so berichtet ein Schachspieler an Taine, sans l'avoir rejoué seul quatre ou cinq fois la nuit dans mon lit, la tête sur l'oreiller. Paul Murphy spielte gleichzeitig acht Partien, Paulsen zwanzig.[1])

Diese Virtuosität weist freilich häufig auf eine einseitige Ausbildung der Geisteskräfte hin, die in der Einseitigkeit eine staunenswerthe Leistungsfähigkeit entwickelt. Gesichtseindrücke, die wir nur einmal gehabt, stehen meistens mit größerer räumlicher Intensität vor uns, als die Bilder öfterer, vor allem der täglichen Wahrnehmung. Es ist eine merkwürdige Thatsache, daß wir von den Gegenständen, welche wir täglich sehen, kein farbiges Erinnerungsbild haben. Wenn wir uns einen Stuhl, einen Tisch, einen Ofen im Gedächtnis vorstellen, so ist das Bild farblos, unbestimmt in seinen Umrissen. Dagegen können wir, wenn wir eine Person nur ein einziges Mal gesehen haben, den Umriß der Form und den Gesichtsausdruck uns reiner zurückrufen, als wenn wir sie acht- oder zehnmal gesehen haben. Taine führt diese Erscheinung auf einen Streit der einzelnen Eindrücke zurück: ma mémoire oscille entre vingt expressions différentes, le sourire, le sérieux, le chagrin, le visage penché d'un côté ou d'un outre: ces différentes expressions se font obstacle; mon souvenir est bien plus net lorsque je n'en ai vu qu'une pendant une minute, lorsque par exemple j'ai regardé une photographie ou une tableau (p. 148).

Gewisse Wahrnehmungen entschwinden uns nicht mehr aus dem Gedächtnis und ein jeder verfügt über Erinnerungsbilder aus der frühesten Jugendzeit, die mit seltener Frische vor ihm stehen, während wir uns kaum erinnern können, wie wir die allerjüngste Vergangenheit durchlebt haben.

Taine berichtet, er kenne eine in einer kleinen Provinzstadt geborene Person qui peut raconter avec la dernière exactitude toutes les circonstances d'une visite de l'impératrice Marie-Louise en 1811, dire sa toilette, les toilettes des dames et des jeunes filles chargées de la recevoir, entendre intérieurement le son de sa voix, revoir ses gestes, sa physionomie, les attitudes des personnes chargées de la complimenter et bien d'autres choses.[2])

Die erste Eisenbahnfahrt, der erste Theaterbesuch tauchen in einzelnen Bruchstücken mit größter Klarheit vor uns auf — doch alles vor- und nachher Geschehene können wir nicht mehr in's Bewußtsein zurückrufen.

Es will uns scheinen, daß für die Aufbewahrung von einzelnen Momenten in einem Vorgang, dessen Zeuge wir sind, ein Einklang der Formenverhältnisse maßgebend ist. Die Beleuchtung, die Stellung der handelnden Personen, der Blick über den Zuschauerraum — alles dieses wirkte in einem Moment gleichzeitig und mit besonderer Kraft auf uns, in solcher Kraft und Lebendigkeit, daß uns dieser Moment nicht aus dem Gedächtnis kommt. Es tritt aber eine besondere Steigerung der inneren Disposition hinzu, die Eindrücke aufzunehmen. Diese Steigerung der inneren Disposition wird bedingt durch die steigende Spannung, die Aufmerksamkeit, die Verwunderung, welche die Vorgänge hervorrufen. Wahrscheinlich werden wir immer bei solchen Erinnerungen aus unserer Kindheit einen solchen Einklang der Formenelemente, verbunden mit besonderen inneren Dispositionen entdecken.

Für die Eindrücke, die wir aus Erzählungen empfangen, ist ebenfalls die Form in erster Reihe maßgebend für die Erinnerung. Eine Erzählung, die in frischer, lebendiger Weise in plastischen Umrissen entrollt wird, bleibt oft in den kleinsten Details in der Erinnerung — das gesprochene Wort bleibt eher in der Erinnerung des Kindes als das, was es nur gedruckt oder gar nur geschrieben sieht, denn das gesprochene Wort ist unmittelbarer, lebensvoller und farbenreicher als das geschriebene oder gedruckte. Doch

[1]) Taine a. a. O. p. 80 ff. p. 91 ff.
[2]) Taine a. a. O. p. 131.

wenn wir eine Erzählung wiederholen, so tritt die Form zurück zu Gunsten der begrifflichen Auffassung, die Erzählung verliert an Frische und Farbenreichtum. Am nachhaltigsten wirkt die Verbindung einer solchen Erzählungsweise mit der geschriebenen oder gedruckten Darstellung der wichtigsten Momente aus der Erzählung, wie wir noch zeigen werden.

Die räumliche Anschauung wurde im Altertum als ein wichtiges Hülfsmittel des Gedächtnisses angesehen und vielleicht war auch das räumliche Gedächtnis in früheren Zeiten selbst bei den Erwachsenen stärker als gegenwärtig, wo die begriffliche Auffassung mehr gepflegt wird. Die Redner dachten sich die Vorstellungsmassen in Plätzen abgelagert, nach Straßen, Säulen, Nischen geordnet, im Mittelalter dachten sich die Prediger die einzelnen Teile der Rede an die Altäre der Kirche verteilt. Von den Plätzen forderte man, daß sie hell und geräumig seien — eine Forderung, die in Wahrheit die Klarheit und Abgegrenztheit der räumlichen Anschauung meinte.

Die Wahrnehmung durch das Auge ist gewöhnlich mit einer Bezeichnung durch die Sprache, mit dem Wort verbunden. Bei der räumlichen Anschauung tritt das Wort zu Gunsten der Vorstellung zurück. In unserm Bewußtsein tauchen bald Bilder auf ohne Namen, bald Namen und Bilder, bald nur Namen. Wenn wir in gleichgültiger Weise sagen: Die Armee hatte 25,000 Tote und Verwundete — so entsteht in uns gewiß kein Bild des Schlachtfeldes, der Toten, der Verwundeten und des Chaos, das auf dem Schlachtfelde herrscht, denn wir würden mit Schaudern bei dem Bilde verweilen. Der Knabe übersetzt: Cicero lebte in der Verbannung — der Lehrer setzt nicht immer ein Bild von dem betr. Vorgang voraus und darf es auch nicht immer dem Schüler zumuten, denn auch das abstrakte Denken verlangt sein Recht. Es können aber auch Bilder ohne den Namen in uns auftauchen. Wir sehen Schneeberge vor uns, Gletscher sind zwischen ihnen eingebettet, wir sehen Abgründe zu ihren Seiten — doch wir können uns gar nicht besinnen, welche Landschaft es ist. Und hier sind, wie bereits erwähnt, die größten Unterschiede wahrnehmbar. Der eine sieht bei der Nennung eines Namens das Anschauungsbild klar und deutlich vor sich; jeder neu auftauchende Begriff ruft neue Anschauungsbilder von großer Treue hervor, bei dem andern entstehen mehr Begriffe, die Anschauungsbilder sind nur schwach — auch darin zeigt sich bei dem Kinde ein außerordentlicher Unterschied. Das eine Kind sieht in dem Geiste den auf der Karte gezeichneten Flußlauf wieder vor sich, das andere hat die Namen, die Richtung treu behalten, aber eine Anschauung entsteht nicht in ihm. Viele Kinder stellen sich die Reihen französischer Wörter, die sie lernen müssen, in ihrer Anschauung vor, sie wissen ob ein Wort links oder rechts steht, oben oder unten — in ihnen associiren sich Anschauungsbilder. Mit der Einübung verliert sich, wie öfters angedeutet, die Frische der Anschauungsbilder. Je öfter wir von einem Gegenstand reden, desto weniger stellen wir ihn uns innerlich vor — entre l'image vague et mobile suggérée par le nom et l'extrait précis et fixé par le nom il y a un abîme.[1]

Die Erziehung findet mit Recht eine Hauptstütze des Gedächtnisses in der anschaulichen Vergegenwärtigung, in der deductio ad sensibile, wie es lange vor Pestalozzi Baco von Verulam genannt hat. Damit kommen wir zu der wichtigen Frage, welche Stellung die Schrift zum Gedächtnis hat.

Im engsten Zusammenhange mit den Bedürfnissen des Gedächtnisses steht die Geschichte der Schrift. Ehe die Schrift erfunden war, waren die Völker genötigt, allein dem Gedächtnis zu vertrauen — die fortschreitende Entwicklung mußte ein gerechtes Mißtrauen gegen die Zuverlässigkeit desselben erwecken. Mit dem Gedächtnis verbindet sich die Phantasie und wir glauben vieles erlebt, gesehen zu haben, was wir vielleicht gar nicht, jedenfalls aber häufig nicht in der Weise erlebt haben, wie wir uns erinnern.

---

[1] Taine a. a. O. p. 37.

Die Schrift wurde weniger der gegenseitigen Mitteilung wegen als im Dienst der treueren Bewahrung der Vorgänge, der Einrichtungen und Gesetze erfunden — sie läßt sich nicht vom Gedächtnis trennen. Ja sie erhielt ihre Gestalt zum Teil nach den Gesetzen, welche dem Gedächtnis zu Grunde liegen. „Sehen" wird durch zwei Augen dargestellt, „kämpfen" durch zwei Arme, der eine ist mit einem Schild, der andere mit einer Streitaxt bewaffnet, „Gerechtigkeit" durch eine Straußfeder, weil alle Flügel des Straußes gleich sind, „Jahr" durch einen Palmbaum weil der Palmbaum alle Jahre 12 Zweige treibt, „Sohn" durch eine Gans, weil sich die Gans angeblich durch Elternliebe auszeichnet, „König" durch eine Biene, weil diese in einem monarchischen Staate lebt. Die Bilder verloren dann ihre Bedeutung als Bild und wurden bloße Zeichen für den ersten Buchstaben, womit der vom Bild bezeichnete Gegenstand anfängt, so mußte das Bild des Adlers zum Zeichen für a (altegyptisch ahom), das Bein für b (bhu stehen).[1]

Plato meint, daß mit der Erfindung der Schrift das Gedächtnis schwächer geworden sei.[2] Man muß jedoch bedenken, daß mit dem Fortschritt der Bildung die Anforderungen an das Gedächtnis erhöht wurden, und daß durch Übung und Anstrengung dasselbe wesentlich verschärft worden ist. Aus einer Zeit, wo die Schrift schon längst im Gebrauche war, werden uns ganz bedeutende mnemonische Leistungen mitgeteilt — wir selbst stellen Anforderungen an das Kind, welches ohne eine große Arbeitsleistung des Gedächtnisses nicht erfüllt werden können.

Eine richtige Verwendung des Schreibens wird immer das Gedächtnis stärken. Wenn ich ein Wort, oder einen Satz bei Erlernen einer fremden Sprache niederschreibe, nachdem er gesprochen worden ist, so tritt, wie bereits angedeutet, eine anschaulichere Vergegenwärtigung ein, als wenn er nur dem Gehör überlassen ist. Ebenso wird das Gedächtnis gestärkt durch das Niederschreiben der wichtigsten Momente aus einer Rede, die wir gehört haben oder selbst halten wollen. Wenn das Schreiben mit Besinnung und Veranschaulichung verbunden ist, so ist es dem Gedächtnis vorteilbringend, ist es aber mechanisches Nachschreiben oder erfolgt es nur im Interesse eines mechanischen Ablesens, so ist es von höchstem Nachteil. Nicht für einen Ruin des Gedächtnisses darf man also das Schreiben halten, sondern als eine notwendige Unterstützung desselben. Kant sagt: „Mit der Schreibtafel in der Tasche sicher zu sein, alles was man in den Kopf niedergelegt hat, ganz genau und ohne Mühe wiederzufinden, ist doch eine große Bequemlichkeit und die Schreibkunst bleibt immer eine herrliche Kunst, weil, wenn sie auch nicht zur Mitteilung seines Wissens an andere gebraucht würde, sie doch die Stelle des ausgedehntesten und treuesten Gedächtnisses vertritt, dessen Mangel sie ersetzen kann."[3] — Kein Gedächtnis ist so treu und ausgedehnt, daß es nicht der Unterstützung bedürfte, einer Unterstützung, in welcher zugleich eine Kräftigung liegt angesichts des großen Materials, welches ihm besonders der Unterricht zu bewältigen aufgiebt.

Kapitel III.
Die Orientierung.

Wenn wir in einem Zimmer, in einem Hause ständig gewohnt oder uns doch häufig daselbst aufgehalten haben, so können wir uns auch im Dunkeln daselbst zurecht finden und mit größter Sicherheit uns in dem Raume bewegen, sowie wir nur einen einzigen Anhaltspunkt dafür haben, wo wir

---

[1] Man sehe darüber: Justi, Geschichte der orientalischen Völker im Altertum. Berlin 1884.
[2] Plato, Phädrus 275. Eine ähnliche Ansicht von dem Werte der Schrift für das Gedächtnis finden wir bei Baco von Verulam. Huber hat in seiner Schrift über das Gedächtnis ebenfalls sein Bedenken gegen die Ansicht von der „Abnahme des Gedächtnisses" geäußert.
[3] Kant, Anthropologie in der Gesammtausgabe von Hartenstein, Leipzig 1839, Bd. 10 p. 193.

uns befinden. Fehlt uns ein solcher Anhaltspunkt, so verläßt uns die Sicherheit, mit der wir uns bewegen und sie kehrt nicht eher zurück als bis uns durch einen anderen Sinn als das Auge, durch Tastempfindungen, Stoß, Geräusch ein Anhaltspunkt gegeben ist.

Wenn wir das Bild einer Gegend uns einprägen wollen, um uns in ihr zurecht zu finden, so prägen wir uns bestimmte **Merkmale** ein, die besonders hervortreten, an diesen Merkmalen erkennen wir dieselbe wieder.

In beiden Fällen hängt das Gedächtnis von einer **Orientierung** ab, die wir vorgenommen haben. Wir bedürfen nur einzelner Zeichen für die Erneuerung eines Eindrucks und der Eindruck steht vor uns, sowie diese Zeichen erneuert werden.

Das Gedächtnis hängt ganz wesentlich von dieser Erscheinung ab. Wenn wir uns auf einer Karte zurecht finden wollen, so müssen uns einige besonders hervortretende Punkte gegeben sein, durch welche wir uns zurecht finden. Solche Punkte können wir sehr wohl mit den **Lokalzeichen** vergleichen, die in uns entstehen, wenn ein Objekt von uns wahrgenommen wird.

Wir bilden uns sehr häufig gewisse **Zeichen**, um **Personen** wieder zu erkennen. Wir erkennen den einen an der Stimme, den andern an der Haltung. Durch die Übung entsteht bei manchen Personen, die nach ihrem Beruf eine große Anzahl von Leuten wieder erkennen müssen, eine überraschende Sicherheit, die sie dazu befähigt, unter Tausenden zu unterscheiden, wen sie zum zweiten, zum dritten Male vor sich haben.

Wer das kindliche Gedächtnis pflegen will, muß das Kind frühzeitig gewöhnen, sich zu orientieren. Viele Kinder können sich nicht in einem Buche zurecht finden, das sie schon oft gelesen, die wenigsten aber können im Freien auch bei oft wiederholten Spaziergängen angeben, welcher Weg einzuschlagen, welcher nicht. Es hängt dieses mit dem oberflächlichen Sehen zusammen, von welchem oben (p. 22) die Rede war.

Bei der Orientierung tritt schon das logische Element in sein Recht, denn dieselbe beruht auf einem **Schluß.** — Dieser vollzieht sich zwar so rasch in uns, daß wir ihn oft nicht bemerken, er geschieht unbewußt.[1]) Ein Bekannter begegnet uns: wir schließen dieses nicht erst daraus, daß er die und die bezeichnenden Merkmale in der Gesichtsbildung, in der Haltung hat — wir erblicken sofort ihn als „Bekannten". Und dennoch muß ein Schluß stattgefunden haben. Wir können dieses an den Fällen sehen, wo wir zweifeln, denn dann besinnen wir uns auf Merkmale, um aus denselben einen Schluß zu ziehen.

Merkmale sind meistens etwas Äußerliches, sie sind dem „Aussehen" entnommen, aber wir können ihrer nicht entbehren. Wir können dem Kinde im zartesten Alter manchen Begriff nur nach äußerlichen Merkmalen erklären, ja oft verfügt die Wissenschaft nur über solche Merkmale und das innere Wesen der Erscheinung ist ihr verschlossen. Wir sagen dem kleineren Kinde, welches das Adjektiv in scharfer Deklination gebraucht, wo es schwach sein sollte, nicht die Regel, sondern machen es darauf aufmerksam, daß es „diese guten Menschen" heißen muß, weil man das n gebraucht, wenn Wörter wie dieser, jener u. s. w. vor dem Eigenschaftswort stehen.

Das Gedächtnis richtet sich nach Merkmalen, und je mehr Merkmale wir einem Dinge geben können, desto sicherer wird es von uns behalten. Wenn wir in einem Museum sehr viele Statuen gesehen haben, so werden wir uns an diejenige am besten erinnern, von der wir gelernt haben, was sie vorstellt, wer der Künstler ist, der sie verfertigt hat.

---

[1]) Auf die unbewußten Schlüsse beim Sehen stützt besonders Helmholtz seine Theorie von den Gesichtswahrnehmungen (Helmholtz, phys. Optik p. 430, 442—449).

Daß die Zahl der Merkmale nicht zu groß werden darf, daß sie nur das Unterscheidende, Charakteristische enthalten darf, benötigt fast keines Beweises. Durch eine zu große Reichhaltigkeit der Merkmale entsteht Ähnlichkeit mit anderen Eindrücken und mit der Ähnlichkeit entsteht auch die Verwirrung.

Kapitel IV.
Das Wortgedächtnis.

Die Sprache ist das kostbare Gut des Menschen, welches ihm ermöglicht, die Vorstellungen auf einander zu beziehen, sie zu Urteilen und Schlüssen zu verbinden. „Denken", so bemerkt Zeller in seiner Abhandlung über die Sprache, „können wir nur in Worten. Erst mit dieser Bezeichnung erhalten unsere Gedanken diejenige Bestimmtheit und Deutlichkeit, durch die sie in's Bewußtsein erhoben werden. Ehe der richtige Ausdruck gefunden ist, sind sie nur ein Sehnen und Suchen. Dadurch, daß wir mit bestimmten Worten regelmäßige bestimmte Wortvorstellungen verknüpfen, kommt Klarheit und Ordnung in unsere Gedanken."[1]

Die Entwicklung der Sprache hängt auf's innigste mit dem Gedächtnis zusammen, doch können wir auf diesen für die philosophische Betrachtungsweise überaus wichtigen Zusammenhang hier nicht eingehen. Wir beschränken uns hier auf folgende Erwägung: Den mühsamen Weg, den die Menschheit zurücklegen mußte, um zur ausgebildeten Sprache zu gelangen, hat das Kind nicht mehr zurückzulegen. Zwar sind auch bei ihm anfänglich Versuche zu bemerken, selbstthätig die Dinge zu bezeichnen, doch die Erziehung, vor allem die Fürsorge der Eltern, nimmt ihm diese Arbeit ab und die Sprache des Kindes wird ein „Produkt der Nachahmung, Übung und Unterweisung."

Das Kind vernimmt anfänglich nichts als reflektorisch wirkende Laute, d. h. Laute, die es nachahmt, ohne daß ein Denken Anteil nähme an den Bewegungen, die es ausführt. Einen Übergang zu der eigenen Denkthätigkeit bildet die Erscheinung, daß eine und dieselbe Wahrnehmung, einerlei bei welchem Gegenstande es dieselbe macht, es zu auch derselben Bezeichnung veranlaßt. So berichtet Taine, daß ein Kind für den Eisenbahnzug das Wort faïer gemerkt hatte (chemin du fer); es bezeichnete fortan jede Vorrichtung, die ein Rasseln, Pfeifen, Sausen ertönen ließ, als »faïer«. Das Kind verallgemeinert die Wörter, es unterscheidet noch nicht wesentliche und unwesentliche Merkmale, es urteilt nur nach einem einzelnen, zufälligen Merkmale und erst allmählich fängt das Kind an, die Dinge nach wesentlichen Merkmalen zu ordnen.

Das vortreffliche Gedächtniß des Kindes erfüllt sich sehr rasch mit einer Menge von Wörtern, denen es meistens eine gewisse Neugier hinsichtlich ihres Inhaltes entgegenbringt. Doch mit einem gewissen Alter tritt eine merkliche Abstumpfung in diesem Streben ein, das Kind hört und lernt zu vielerlei, daß ein großer Teil der Worte ohne Verständnis aufgenommen wird. Angesichts dieser Erscheinung haben wir bereits im Anfang dieser Abhandlung betont, daß die Leistungsfähigkeit des kindlichen Gedächtnisses nicht zu sehr in Anspruch genommen werden darf, daß nicht die Aneignung umfangreicher Gedichte und Erzählungen, sondern ein Verständniß des Einzelnen erstrebt werden muß.

Die Sprache, welche wir dem Kinde zuerst mitteilen in der Absicht, daß es Verständnis mit der Aneignung von Worten verbinde, ist die Muttersprache. Die Pflege der Muttersprache ist eine wesentliche Vorbedingung sowohl des mechanischen als des logischen Gedächtnisses. Denn als eine wesentliche Vorbedingung der absichtlichen Aneignung betrachten wir die Klarheit und Deutlichkeit der Vorstellungen. Die Forderung Zeller's in Betreff

---

[1] Zeller, Vorträge und Abhandlungen, Leipzig 1884, p. 108 ff.

der Pflege der Muttersprache: „Mit bestimmten Worten sollen bestimmte regelmäßige Vorstellungen verknüpft werden".[1]) Diese Forderung weist auf die wichtige Stellung hin, welche die Pflege der Muttersprache für die gesammte geistige Entwicklung hat. Bestimmtheit und Treue der Wiedergabe hängen von dieser Pflege ab, Verworrenheit im Ausdruck, fehlerhaftes Sprechen ist immer ein Zeichen, daß die Vorstellungen der scharfen Begrenzung, der Deutlichkeit und Klarheit ermangeln.

Wenn Kinder zu früh eine fremde Sprache lernen, wird ihre Gedächtnisthätigkeit nicht allein in unnötiger, sondern auch in gefahrbringender Weise angestrengt. Das Kind eignet sich die Worte nur sensorisch an; es sind Sprachreflexe, die in ihm entstehen, es lernt Wörter, aber nicht Worte. Daß ein Kind, das auch nicht im entferntesten eine Vorstellung mit einem Worte verbindet, den fremdsprachlichen Ausdruck dafür lernen soll, ist eine der Bestimmung des Menschen, die ihn auf's Denken hinweist, unwürdige Erscheinung.

Wenn nur einzelne in ihrer Bedeutung unverstandene Wörter gelernt werden, so entsteht in dem Kinde nichts als eine tote Reproduktion, d. i. eine gedankenlose Erneuerung von Sprachlauten, die der inneren (logischen) Verbindung entbehren. Und wir können sehr wohl beobachten, daß die Sprache auf eine innige Verbindung der Wörter durch das Denken drängt, daran, daß die Wörter einer fremden Sprache um so eher behalten werden, wenn wir sie in Satzverbindungen gehört, oder sie in Satzverbindungen angewendet haben. Dieses geht aus folgenden Beobachtungen hervor. Ein Kind lernt Wörter einer fremden Sprache leichter, wenn sie auch nur in einer äußerlichen Beziehung stehen, nach Sprachähnlichkeiten gruppirt sind (im Französischen croix, foi, moi, noix, im Lateinischen pons, fons). Es erinnert sich um so leichter an ein Wort, wenn es dasselbe in einer Satzverknüpfung gelernt hat, wie es z. B. manchmal nicht weiß, wie „entdeckt" im Französischen heißt, sofort aber den richtigen Ausdruck findet, wenn man es einen Satz übersetzen läßt, wie: Columbus hat Amerika entdeckt. Es ist diese Erscheinung mit dem von uns erwähnten Gesetze in Verbindung zu bringen, daß jede Erneuerung einer Vorstellung auch Erneuerung anderer Vorstellungen veranlaßt, die mit ihr verknüpft waren. Ein Kind wird daher um so sicherer die Wörter einer fremden Sprache behalten, je öfter es diese in Satzverbindungen anwenden mußte. Vielleicht ist auch auf diese Thatsache die Erscheinung zurückzuführen, daß in dem fremden Lande die Sprache durch den Umgang rascher angeeignet wird, als es durch das Studium möglich ist. Denn in dem fremden Lande tönen uns Sätze entgegen, d. h. innige Verbindungen häufig gebrauchter Ausdrücke, die eine Beziehung auf das Leben und auf unser Lebensinteresse haben. Dem Kinde bietet die fremde Sprache diese Beziehungen nicht, das Kind soll die fremde Sprache nicht erlernen, um sie in kürzester Frist als Ganzes anwenden zu können, sondern erst in einer Reihe von Jahren soll es sich diese Fähigkeit allmählich aneignen und zwar mit Hülfe einer Einsicht in den Bau und die Formen der Sprache.

Die Verbindung der Wörter zu Sätzen ist das Werk logischer Bearbeitung der Sprache im Unterricht, und daher stammt auch die große Bedeutung der Erlernung einer Sprache sowohl für das Gedächtnis als die Thätigkeit des Verstandes. In der Erlernung der fremden Sprache vereinigt sich mechanische Einprägung und logische Bearbeitung.

Auch die Sprache ist an feste Formen gebunden, welche die Grammatik bietet. Die Grammatik ist Gegenstand der verstandesmäßigen Erfassung; sie verlangt Erkenntnis und Verständnis. Doch die grammatischen Formen sind zugleich das feststehende Gerüste der Sprache; sie verlangen außer Erkenntnis ihrer Bedeutung, eine gedächtnismäßige mechanische Aneignung. So durchdringen sich in der Grammatik das logische und mechanische Gedächtnis in einer für die Entfaltung der geistigen Thätigkeit

---

[1]) Zeller a. a. O. p. 134 ff.

fruchtbringenden Weise; die fremde Sprache ist für den Unterricht das Gebiet der formalen Bildung des Geisteslebens.

Auch die Raumgrößenlehre zeigt auf allen Gebieten den Vorteil der Verbindung mechanischer und logischer Aneignung. Wir nehmen den Körper, die Figur wahr, wir müssen uns die Lehrsätze mechanisch aneignen, aber wir müssen die einzelnen Sätze logisch erfassen und frei anwenden können. Das Rechnen mit Zahlen erhöht allmählich seine Anforderungen an das Denken, die sinnliche Anschauung tritt langsam zurück. In der Algebra zeigt sich der hohe Wert mechanischer Aneignung für das Denken, denn der kindliche Geist wird gezwungen, eine gewisse Ordnung der einzelnen Glieder unverbrüchlich festzuhalten. Die Geschichte hat in den Jahreszahlen, die so leicht vergessen werden, wenn man sie oberflächlich lernt, ein Mittel, in dem Geiste des Kindes eine Unterscheidung der Begebenheiten nach der zeitlichen Aufeinanderfolge herzustellen und an gewisse Jahreszahlen, die wegen ihrer Bedeutung mit größter Sicherheit behalten werden müssen, einen ganzen Complex von Ereignissen zu binden. So wird sie von der Jahreszahl 1517 ausgehend dem Kinde in's Gedächtnis rufen, welcher Kaiser zur Zeit des Beginns der Reformation lebte, welche Entdeckungen und Erfindungen derselben vorausgegangen sind, und wir glauben, daß ein Geschichtsunterricht, welcher die logische und mechanische Aneignung verbindet, bewirkt, daß das Mitgeteilte länger behalten wird als es der Fall zu sein pflegt, wenn entweder nur Jahreszahlen und Thatsachen auswendig gelernt werden oder nur die freie Behandlung des geschichtlichen Stoffes gepflegt wird.

Alle diese Erwägungen sind ein Hinweis auf die enge Verbindung, in welcher logisches und mechanisches Gedächtnis stehen. Die Sprache ist „der Leib der Gedanken", wie man sie sehr treffend bezeichnet hat, in der Art, wie unser Bewußtsein sich zu dem angeeigneten Wortvorrat verhält und insofern erst die Sprache eine höhere Entwicklung des Denkens ermöglicht, bietet sie den Übergang von der mechanischen Erfassungsweise zu der logischen, von der bloßen Aufmerksamkeit zur Herstellung von Beziehungen, zur Bearbeitung der Begriffe. Fassen wir daher an diesem Punkte angelangt das Verhältnis der mechanischen zur logischen Aneignung zusammen.

Kapitel V.
Logisches und mechanisches Gedächtnis.

Bei der logischen Aneignung heben wir die Ordnung, in welcher uns Vorstellungsmassen gegeben sind, auf, ordnen die einzelnen Teile nach unserm Ermessen und verschmelzen dieselben zu Gesamtvorstellungen; bei der mechanischen bleiben die Vorstellungsmassen in ihrer ursprünglichen Reihenfolge.

Das logische Gedächtnis löst den zur Aneignung bestimmten Teil eines Wissenszweigs nach Gesetzen auf, die ebenfalls erst der Uebung, der gedächtnismäßigen Angewöhnung bedürfen. Wenn ein Kind den Inhalt einer Erzählung sich logisch aneignen soll, so löst ihm der Erzieher diese Erzählung in ihre einzelnen Teile auf. Wenn wir von dem Kinde verlangen, es soll angeben, zu welcher Gattung und Art von Tieren ein Löwe, ein Pferd gehört, so bringen wir in ihm das Verhältnis eines Teils zu einem Ganzen oder eines Ganzen zum Teil zum Bewußtsein (Association simultaner Vorstellungen nach Wundt, phys. Psych. Bd. II p. 302), wir lehren das Kind Subjekt von Prädikat unterscheiden, Ursache und Wirkung, wir halten es zu Vergleichen an nach Aehnlichkeit und Gegensatz, wir lehren die Ordnung der Teile an, kurz wir halten es an und gewöhnen es nach den Kategorieen des Verstandes zu denken.

Die mechanische Aneignung kann ohne einen Akt des Begreifens stattfinden, und vieles nimmt das Kind in sich auf, was es zur Zeit noch nicht versteht, aber dann soll der Erzieher dafür sorgen, daß das Verständnis angebahnt wird. Der Erzieher kann eine Regel erst aus einzelnen Fällen ableiten und sie dann mechanisch lernen lassen, er kann aber auch umgekehrt erst eine mechanische Aneignung der Regel bewirken und diese dann an Beispielen erläutern. Die schwierigere Art ist sicher die letztere, sie setzt einen geübteren Verstand voraus als die Methode, erst einige Fälle vor dem Auge entstehen zu lassen, die Regel zu geben und dann die mechanische Aneignung zu bewirken. Und wenn es auch in der Natur des menschlichen Geistes liegt, die logische Aneignung als etwas Höheres zu betrachten und auf die mechanische Erwerbung als etwas Knechtliches zu verzichten, so wenden wir uns doch gerade in den Fällen, wo wir etwas Wichtiges oder Formvollendetes uns aneignen wollen, und wo wir auf die correcte Wiedergabe größeren Wert legen, an das mechanische Gedächtnis. Personen, denen es schwer fällt, sich in größeren Versammlungen in freier Redeweise zu äußern, memorieren ihre Rede wörtlich, sie reden auch nur mechanisch, wenn sie befangen werden. Ebenso wird jemand einen tiefen Gedanken, den er bei einem Dichter, bei einem Philosophen findet, wohl logisch zu erfassen suchen, er wird ihn aber häufig sich mechanisch aneignen.

Die logische Aneignung beruht auf einem Grad des Verständnisses, welcher uns zum Herrn, zum unbeschränkten Besitzer des Erworbenen macht, sie giebt dem Wissen den Charakter der Beweglichkeit, der freien Verwendbarkeit. Bei der mechanischen Aneignung geben wir uns gleichsam einer fremden Macht hin, welche die Vorstellungsreihe in uns hervorruft. Der Redner fühlt sich sogar in der Rede, die er selbst entworfen hat, aber mechanisch auswendig gelernt hat, fremd und stockt, wenn der Faden reißt, er hat sich seines Eigentums gleichsam entäußert. So können wir bei dem mechanischen Gedächtnis allerdings einen Ablauf der Vorstellungen bemerken, welcher einem „Mechanismus" ähnelt, der, wenn er einmal durch eine Feder in Bewegung gesetzt ist, eine Arbeitsleistung vollzieht. Da ein Mechanismus wohl einen erfahrenen Werkmeister voraussetzt, nicht aber einen eigenen Willen in dem Mechanismus selbst, so hat man oft die mechanische Aneignung als etwas des Menschen Unwürdiges aufgefaßt. Nun ist aber selten ein Mensch so stumpf, daß er nicht durch die mechanische Einprägung auch eine gewisse Anregung empfängt und daß er nicht allmählich in den Stand gesetzt sein werde, sein Denken von der mechanischen Wiedergabe einigermaßen zu befreien. Denn bei der logischen Aneignung haben wir uns eine Gesammtvorstellung gebildet, von welcher wir bei der Wiedergabe ausgehen, doch weil es nur eine Gesammtvorstellung allgemeiner Art ist, so sind wir der Gefahr ausgesetzt, Wichtiges zu vergessen oder die Form nicht mehr zu finden, welche wir unseren Gedanken gegeben haben. Der Redner wird am sichersten gehen, der die mechanische und die logische Aneignung in geeigneter Weise zu verbinden versteht.

Die Erziehung muß in noch stärkerem Maße diese Verbindung des Logischen und des Mechanischen zu bewerkstelligen wissen. Das mechanische Gedächtnis kann in kürzerer Zeit einen Wissensinhalt bewältigen — dem Umfange nach, aber nicht dem Inhalte. Das mechanische Gedächtnis ist wohl Eigentümer des Erworbenen, aber es kann dasselbe nicht verfügen, erst die logische Bearbeitung bewirkt die nötige Freiheit und Beweglichkeit des Denkens. Beneke spricht von einem historischen Grundgerüste, über welches jeder Mensch verfügen müsse[1]), und die Erziehung muß in der That bestrebt sein, ein solches historisches Grundgerüste herzustellen. Wenn auch ein jeder im Laufe des Lebens vieles von dem vergißt, was er in der Schule gelernt hat, so wird doch immer eine Anzahl von Kenntnissen ihm verbleiben, über welche er als sein geistiges Eigentum verfügt. Alles, was er gelernt, alle Einwirkungen, welche auf ihn gewirkt haben, vereinigen sich zu einer Gesammtwirkung, die seinem geistigen Wesen ein bestimmtes Gepräge giebt. Und je nachdem er Herr ist dessen, was er sich im Laufe des Lebens aneignet, je nachdem er über sein Wissen verfügen und es verwenden kann, waltet in ihm die logische Erfassungsweise des Gegebenen oder die mechanische vor. Der Erziehung fällt aber die Aufgabe zu, die Eindrücke, welche auf das Kind wirken, zu

---

[1]) Beneke, Erziehungs-Unterrichtslehre, Leipzig 1842. p. 147.

überwachen und zu regeln, unwillkommene durch neue Eindrücke in Vergessenheit zu bringen und endlich das Kind von der mechanischen Erfassungsweise zur freien Entfaltung seiner eigenen Geisteskraft zu führen und diese immer mehr erstarken zu lassen.

Anhang.

Von der Pflege und den Hülfsmitteln des Gedächtnisses.

Die Hülfsmittel des Gedächtnisses müssen in der Beschaffenheit des Vorgangs, den wir Gedächtnis nennen, enthalten sein. Insofern das Gedächtnis von organischen Vorgängen bedingt ist, muß die Pflege des Gedächtnisses von physiologischen Erwägungen ausgehen, insofern das Gedächtnis ein Bewußtseinsvorgang ist, müssen die Hilfsmittel desselben von Bedingungen abhängig sein, die wir im Bewußtsein zu suchen haben. Jedoch ist bei der innigen Wechselwirkung, in welcher Organismus und Bewußtsein stehen, eine Teilung nach diesen Gesichtspunkten nicht immer durchführbar.

Zu den physiologischen Vorbedingungen rechne ich die Rücksichtnahme auf körperliche Zustände, auf Wachstum, auf Ermüdung. Eine richtige Anstrengung der Gedächtnisthätigkeit stärkt auch den körperlichen Organismus, eine übertriebene schwächt denselben.

Das Gedächtnis wird gestärkt durch eine richtige Inanspruchnahme desselben genau so, wie jede körperliche und geistige Thätigkeit erleichtert und erhöht wird, wenn sie in gehöriger Weise zur Entfaltung gelangt. Dieses betrachten wir als das erste Hülfsmittel des mechanischen Gedächtnisses. Man suche daher vor allem die Gedächtniskunst in der Anstrengung und Übung dieser Arbeitsleistung des psychischen Organismus. Im Altertum legte man auf diese Art der Stärkung des Gedächtnisses ein besonderes Gewicht. Wir heben an dieser Stelle die schönen Worte Quintilians hervor: „Wenn jemand dennoch eine Gedächtniskunst von mir will, so ist es die Übung und die Anstrengung: Vieles auswendig lernen, Denken, womöglich täglich" (de arte oratoria XI, 2).

Die Einteilung und die Zerlegung eines größeren Stoffes in kleinere Teile ist das zweite Hülfsmittel des mechanischen Gedächtnisses.

Als drittes Hülfsmittel des mechanischen Gedächtnisses betrachte ich die Veranschaulichung und Vergegenwärtigung (das Niederschreiben schwer zu behaltender Wörter, Abbildungen, die Anschauung der Gegenstände selbst, die wir uns einzuprägen haben).

Als viertes Hülfsmittel des mechanischen Gedächtnisses betrachte ich die Memorialverse. Gedichte sind leichter zu lernen als Prosa, weil der Rhythmus, der Reim, das Versmaß einen festeren Halt verleihen, als die Prosa es vermag. So berichtet Aristoteles, daß die Völker vor Erfindung der Schreibkunst die Gesetze gesungen hätten.

Als fünftes Hülfsmittel des mechanischen Gedächtnisses ist die Verknüpfung mehrerer Eindrücke Begriffe zu erwähnen. Vereinzelte Wörter gehen rascher verloren als solche, die wir in Verbindung mit anderen erlernt. Es beruht diese Erscheinung auf jener Grundeigenschaft des Gedächtnisses, daß die Erneuerung eines Eindrucks auch die Erneuerung anderer Eindrücke, die mit dem ersten verbunden waren, veranlaßt.

Das sechste Hülfsmittel des mechanischen Gedächtnisses ist die Herstellung einer äußerlichen Beziehung, das Behalten einzelner Silben, einzelner Wörter als Stichwörter.

Die Mnemotechnik wie sie noch heute in Büchern gelehrt wird, beruht zum großen Teile auf dem Gesetze, daß auch **äußere Beziehungen** eine Vorstellung erneuern. Sie enthält jedoch neben manchem Brauchbaren vieles, wogegen sich der gesunde Menschenverstand empört und fordert zugleich unnötigen Aufwand an Kraft, so daß das absprechende Urteil, welches von jeher mit wenigen Ausnahmen die bedeutendsten Denker über die Mnemotechnik geäußert haben, durchaus gerechtfertigt erscheint. Wir beschränken uns hier auf wenige Beispiele: Um sich die Planetennamen zu merken, soll man sich folgenden Satz einprägen: Im Mergel (Merkur) wuchs eine Nuß (Venus), die fiel auf die Erde, da fraß sie ein Marder (Mars) u. s. w. Die sieben Wunder der Welt merken wir an folgendem Satz: Gib mir zur Bildsäule im Tempel rotleuchtende Mauersteine. Gib = Egypten (Pyramiden), mir = Semiramis (hängende Gärten), Bildsäule (Zeusbild zu Elis), Tempel (Dianatempel zu Ephesus), rot (Koloß von Rhodos), leuchtende = der Leuchtturm auf der Insel Pharos, Mauersteine = das Mausoleum, welches Artemisia ihrem Gemahle Mausolus errichtet hat.

Um Jahreszahlen zu behalten, gibt die Mnemotechnik folgendes Hülfsmittel: 0 = l oder z, 1 = t oder d, 2 = u oder v, 3 = m oder w, 4 = q oder r, 5 = sch, s, p, 6 = b oder p, 7 = f, pf, ph, 8 = h oder j, 9 = g, k, ch, k. Daß Augustus im Jahre 14 starb, behält der Mnemotechniker an dem Satze: Augustus nannte sein Leben ein **Drama**, denn das d in Drama ist = 1, das nachfolgende r = 4.[1])

Die Herstellung von Beziehungen bildet den Übergang zu den Hülfsmitteln des logischen Gedächtnisses. Ein Kind wird sehr leicht die Schreibweise von fenêtre, tête behalten, wenn es erfährt, daß der Accent da steht, wo im Lateinischen ein s vor dem t vorausgeht. Es wird auch sehr leicht sich merken, daß die Brücke le pont heißt, weil ja auch pons männlich ist. Jedoch muß man immer im Auge halten, daß die Ähnlichkeit auch irreführt, ja oft verwirrend wirkt.

Durch die logische Bearbeitung stellen wir eine Einteilung nach Grundsätzen her, die auf den Gesetzen des Denkens beruhen; mithin empfängt das Gedächtnis eine besondere **Unterstützung durch die methodische Darstellung.**

Zu den wichtigsten Mitteln, das Gedächtnis zu stärken, gehört die **Besinnung**, d. i. die Vergegenwärtigung des Erlebten. Wenn wir uns gewöhnen, das, was wir gesehen und erlebt haben, zu überschauen, es uns noch einmal vorzuführen, so wird durch diese Thätigkeit das Gedächtnis gestärkt, während bei Personen, die nach Art ihres Lebensberufs nicht genötigt sind, sich häufig auf Vergangenes besinnen zu müssen, auch das Gedächtnis überhaupt notleidet. Von den Pythagoräern heißt es: Es war den Schülern des Pythagoras nicht genug, sich überhaupt oder im ganzen der Begebenheiten zu erinnern, sondern sie bemühten sich nach dem Rathe ihres Meisters, die Spuren derselben in eben der Ordnung zu erneuern, in welcher die Begebenheiten selbst einander gefolgt waren. Sie besannen sich also zum Beispiel, was sie ihren Dienern zuerst, was zweitens, drittens u. s. w. befohlen hatten, wem sie zuerst und wem sie zweitens begegneten, welche Gespräche zuerst, welche nach diesen und welche zuletzt geführt worden waren. Wenn sie Zeit hatten, gingen sie mit ihren Gedanken, nicht nur über die Ereignisse eines Tages, sondern mehrere Tage zurück."

Für die Pflege des **kindlichen Gedächtnisses** ist diese Bemerkung von besonderem Werte. Sie zeigt, wie man das Kind gewöhnen kann, genauer zu beobachten, als es in der kindlichen Art liegt. Wir

---

[1]) Kant bemerkt sehr treffend von der Mnemotechnik, sie sei „ein Widerspruch zwischen Mittel und Absicht, da man dem Gedächtnis die Arbeit zu erleichtern sucht, in der That aber sie durch die ihm unnötig aufgebürdete, sehr disparate Vorstellung erschwert. (Kant, Schriften zur Anthropologie und Pädagogik. Gesammtausgabe Bd. X. Leipzig, 1839, p. 192).

arbeiten der Zerstreutheit entgegen und gewöhnen es an Aufmerksamkeit, — diese ist aber, wie wir bereits dargethan, die wesentlichste Vorbedingung des Denkens, ohne welche dieses gar nicht zu Stande kommen kann.[1])

Als Endergebnis unserer Untersuchung stellen wir den Satz auf, daß es eine eigentliche Gedächtniskunst nicht giebt, da vielmehr das Gedächtnis in den Denkgesetzen seine Begründung und seine Unterstützung findet. Die Pflege des Denkens umfaßt auch die Pflege des Gedächtnisses und nur in der Vereinigung einer mechanischen Aneignung als der Aneignung, bei welcher Klarheit, Correktheit und Treue der Wiedergabe erstrebt wird, mit der logischen Aneignung, welche uns in den Stand setzt, über das Angeeignete zu verfügen und es zu neuen Verbindungen zu ordnen — nur in dieser Verbindung wird die Pflege des Gedächtnisses eine allseitige sein, die auf Virtuosität in einem einzelnen Gegenstande oder nach einer einzelnen Richtung verzichtet.

---

[1]) Kant bemerkt, daß das Lesen von Romanen das Gedächtnis schwäche, weil es zerstreuend wirkt und erlaubt, an Nebendinge während der Lektüre zu denken. (Kant a. a. O. p. 194.) Die Lektüre, wie sie manche Kinder betreiben, ist sicher oft ein Ruin für ihre Gedächtnisthätigkeit. Kant spricht sehr treffend von einer „habituellen Zerstreuung, welche vornehmlich die Romanleser anzuwandeln pflegt" und wir möchten namentlich in Hinsicht auf die falsche Lektüre von Kindern seine Worte in Betreff des Romanlesens gelten lassen: „Diese Übung in der Kunst, die Zeit zu töten und sich für die Welt unnütz zu machen, hintennach aber doch über die Kürze des Lebens zu klagen, ist, abgesehen von der phantastischen Gemütsstimmung, welche sie hervorbringt, eine der feindseligsten Angriffe auf das Gedächtnis." (Kant ibid.)

Schulnachrichten.

I. Allgemeine Lehrverfassung.

1. Übersicht über die einzelnen Lehrgegenstände und die für jeden derselben bestimmte Stundenzahl.

A. Realschule.

	Iᵃ	Iᵇ	IIᵃ	IIᵇ	IIIᵃ	IIIᵇ	IVᵃ	IVᵇ	Vᵃ	Vᵇ	VI	Sa.
Religionslehre a) Religion	2		2	2	1	1	2	2	2	2	2	18 ⎫ 44
b) Hebräisch	2	2	2	2	2	2	2	2	3	3	4	26 ⎭
Deutsch	3	3	3	3	3	3	4	4	4	4	4	38
Französisch	5	5	5	5	6	6	7	7	8	8	8	70
Englisch	4	4	4	4	5	5	—	—	—	—	—	26
Geschichte u. Geographie	1	1	4	4	4	4	4	4	3	3	3	38
	3											
Rechnen u. Mathematik	5	5	6	6	6	6	6	6	4	4	4	58
Physik	4	4	3	3	—	—	—	—	—	—	—	14
Chemie	2	2	—	—	—	—	—	—	—	—	—	4
Naturbeschreibung	—	—	2	2	2	2	2	2	2	2	2	18
Schreiben	1	1	1	1	1	1	2	2	2	2	3	17
Zeichnen	2	2	2	2	2	2	2	2	2	2	—	20
Gesang					1	1	1	1	2	2	2	10
							1					
Turnen	2		2		2		2		2		2	12
Summa	36	36	36	36	36	36	35	35	35	35	34	369

B. Vorschule.

	1ᵃ	1ᵇ	2	3	Sa.
Religionslehre	4*	4*	4*	2	14
Deutsch	8	8	7	11	34
Rechnen	5	5	5	5	20
Schreiben	4	4	4	cfr. Deutsch	12
Gesang	1	1	1	—	3
Turnen	2	2	1	—	5
Summa	24	24	22	18	88

*) Davon 2 Stunden Hebräisch.

2. Übersicht der Verteilung der Stunden unter die einzelnen Lehrer im Schuljahre 1884/85.

Lehrer.	Klassen-lehrer in	Realschule.										Vorschule.				
		Ia.	Ib.	IIa.	IIb.	IIIa.	IIIb.	IVa.	IVb.	Va.	Vb.	VI.	1a.	1b.	2	3	
1. Dr. Baerwald,* Direktor.		3 Geschichte 2 Religion															5
2. Blum.	*	2 Chemie	2 Chemie	2 Naturb.	2 Naturb.	2 Naturb.	2 Naturb.	2 Naturb.	2 Naturb.	2 Naturb.	2 Naturb.						20
3. Bornstein.	IVb.							7 Franz. 4 Deutsch 2 Gesch. 2 Geogr.			4 Franz.						23
4. Dr. Brüll.	*	2 Hebr.	2 Hebr.	2 Religion 2 Hebräisch		3 Relig. und Hebr.	3 Relig. und Hebr.	2 Relig. 2 Hebr.									18
5. Dr. Cohn cand. prob.				(2 Franz.)						(4 Dtsch.)							6
6. Doerimer.	*			4 Math. 3 Physik	4 Physik	4 Math.				4 Rechn.	2 Geogr.						17
7. Dr. Epstein.	*	4 Physik 1 Math. Geogr.	4 Physik 1 Math. Geogr.			3 Physik											13
8. Dr. Ferwer.	IVa.	4 Engl.	4 Engl. 3 Deutsch					5 Engl.	7 Franz.								23
9. Franck.	* Ia.											2 Turnen	2 Turnen	2 Relig. 8 Deutsch 5 Rechn. 2 Hebr. 2 Turnen			25
10. Heinemann.	3														5 Rechn.	2 Relig. 11 T'lich 5 Rechn.	23
11. Herz.	IIIb.	5 Franz.	5 Franz.			6 Franz. 3 Deutsch 2 Gesch.											21
12. Dr. Kracauer.	IIa.	3 Deutsch		3 Deutsch 2 Geschichte 2 Geogr.	2 Geogr. 2 Relig. 2 Hebr.	2 Gesch. 2 Geogr.	2 Geogr.										22
13. Kundel.	*					1 Gesang	1 Gesang	1 Gesang	2 Gesang	2 Gesang	2 Gesang	1 Gesang	1 Gesang	1 Gesang			15
							1 Chorgesang										
14. Dr. Kuttner.	* 2													7 Deutsch 2 Relig. 2 Hebr. 1 Turnen			12
15. Müller I.	*	1 Schreib.	1 Schreib.	1 Schreib.	1 Schreib.	1 Schreib.	2 Schreib.	2 Schreib.	2 Schreib.	3 Schreib.							17
16. Müller II.	*												4 Schreib.	4 Schreib.	4 Schreib.		12
17. Dr. Philippson.	IIb.				3 Deutsch 5 Franz. 4 Engl. 2 Gesch.												14
18. Scherer.	*												2 Relig. 8 Deutsch 5 Rechn. 2 Hebr.				17
19. Schoenhof.	Vb.									4 Deutsch 4 Rechnen 1 Gesch.							9
20. Schulz.	*	2 Turnen	2 Turnen	2 Turnen		2 Turnen	2 Turnen										10
21. Schwarz.	*							2 Relig. 2 Hebr.	2 Relig. 3 Hebr.	2 Relig. 2 Hebr.							14
22. Dr. Steinbach.	Va.					4 Deutsch 2 Gesch. 2 Geogr.		8 Franz. 4 Deutsch 2 Geogr. 1 Gesch.									23
23. Dr. Stern.	IIIa.			5 Franz. 4 Engl.		6 Franz. 5 Engl.											20
24. Filz.	*	2 Zeichn.	2 Zeichn.	2 Zeichn.	2 Zeichn.	2 Zeichn.	2 Zeichn.	2 Zeichn.	2 Zeichn.								20
25. Strauss cand. prob.						4 Math. 2 Rechn.	2 Rechn.										14
26. Dr. Tachau.	VI.					3 Deutsch							2 Naturg. 4 Rechnen 4 Deutsch 8 Franz. 3 Gesch. 2 Geogr. 2 Relig. 4 Hebr.				24
27. Tesser.	*			2 Rechn.	2 Rechn.	2 Rechn.	2 Rechn.										8
28. Wertheim.	Ia.b.	5 Math.	5 Math.		4 Math.		4 Math.	4 Math.									22

Die mit * bezeichneten Lehrer unterrichten auch an der mit der Realschule verbundenen höheren Töchterschule.

3. Übersicht über die während des abgelaufenenen Schuljahres absolvierten Pensen.

A. Realschule.
Prima.[1]
(Klassenlehrer: G. Wertheim).

Religionslehre. a. Religion 2 St. Die wichtigsten Abschnitte aus dem Pentateuch gelesen und erklärt. Die Glaubens- und Pflichtenlehre. Hauptmomente der jüdischen Geschichte. Schul- und Hausbibel von Auerbach. Der Director. b. Hebräisch. 2 St. Ausgewählte Capitel aus Josua und Jesaias, gelesen und erklärt. Festgebete. Grammatische Übungen. Dr. Ab. Brüll.

Deutsch. 3 St. Gelesen wurden: Wallenstein, Egmont, Iphigenie, Stellen aus Wahrheit und Dichtung. Gelernt wurden Göthe'sche und Schiller'sche Gedichte. Alle 4 Wochen ein Aufsatz. — Überblick über die Entwicklung der Literatur mit eingehendem Verweilen bei den Haupterscheinungen der klassischen Periode. In Ia Dr. Kracauer, in Ib Dr. Ferwer.

Aufsatzthemata in Ia: 1) Gedankengang der Kapuzinerpredigt. 2) Das Leben und der Charakter des ersten Jägers in „Wallensteins Lager." 3) Questenberg im Lager Wallensteins. 4) Der erste Gesang von „Hermann und Dorothea" 5) Arbeit ist des Blutes Balsam, Arbeit ist der Tugend Quell. 6) Die wichtigsten Örtlichkeiten in „Hermann und Dorothea." 7) Zustand Frankreichs vor dem Auftreten der Jungfrau von Orleans (nach Schiller). 8) Charakter Karls VII. nach der „Jungfrau von Orleans." 9) Paul Werner und Just in „Minna von Barnhelm." 10) Durch welche Gründe sucht die Gräfin Terzky Wallenstein zum Abfall vom Kaiser zu bringen? Ib: 1) Die Normannen (Übersetzung aus dem Englischen). 2) In welcher Weise führt uns Göthe in sein Trauerspiel „Egmont" ein? 3) Weshalb spricht man so viel über das Wetter? 4) Der Dorfschmied (Übersetzung aus dem Englischen). 5) Einfluß des Klimas eines Landes auf seine Bewohner. 6) Johanna Sebus. 7) Das Nationaldenkmal auf dem Niederwald. 8) Die Blumen (Uebersetzung aus dem Englischen). 9) Das Eisen. 10) Des Polonius Ratschläge an seinen abreisenden Sohn (Uebersetzung aus dem Englischen). 11) Glück und Glas, wie leicht bricht das. 12) Inhalt des Prologs zu Wallensteins Lager. 13) Die Hauptcharaktere aus „Wallensteins Lager." 14) Über die Rolle der Generäle Terzky und Illo in dem Schauspiele „Die Piccolomini".

Französisch. 5 St. Grammatik: 2 St. Syntax des Artikels, des Adjektivs und des Adverbs das Pronomen. Konkordanz des Verbs mit dem Subjekt, Kasus der Verben, Infinitiv, Konjunktionen. Ploetz, Schulgrammatik, Lect. 58—78. Lektüre: 2 St. Duruy, Histoire de France ed. Dieckmann. Sandeau, Mademoiselle de la Seiglière. Extemporalien mit Wiederholung der Lektüre 1. St. Herz.

Englisch. 4 St. 1) Grammatik, Plate, Lehrbuch der englischen Sprache, Lett. 68—101. 2) Lektüre. Prosaische und poetische Stücke aus dem Lübecking, engl. Lesebuch II. Einige wurden memoriert.

Geschichte. 3 St. Wiederholung der neueren Geschichte, Fortsetzung derselben bis zum Frankfurter Frieden. 2 St. Herbst, III. Cauer, Tabellen. Die wichtigsten Begebenheiten der alten Geschichte, Pütz, 1 St. Der Director.

Mathematische Geographie. 1 St. Dr. Epstein.

Mathematik. 5 St. 1) Algebra 2 St. Potenzen, Wurzeln, Logarithmen; Arithmetische und geometrische Reihen, Zinseszins- und Rentenrechnung. Bardey, Aufgabensammlung; Wittstein, Logarithmen. 2) Ebene Trigonometrie, 2 St. im Sommer. 3) Stereometrie, 2 St. im Winter. Kambly, Stereometrie. 4) Planimetrie, Repetition, 1 St. Kambly, Planimetrie. Wertheim.

Physik. 4 St. Electricität, Wärme und Licht. Dorner, Grundzüge der Physik. Dr. Epstein.

Chemie und Mineralogie. 2 St. Im Sommer, (Anorganische Chemie): Die wichtigsten Elemente und Verbindungen. Im Winter: Mineralogie. Rüdorff, Grundriß der Chemie. Derselbe, Grundriß der Mineralogie. Blum.

---

[1] Die Klassen von I bis inclusive V sind in je 2 Parallelklassen geteilt.

Sekunda.

(Klassenlehrer: IIa Dr. Kracauer, IIb Dr. Philippson).

Religionslehre. a) Religion 2 St.: Bibelkunde. Nachbiblische Geschichte von der Zerstörung des ersten bis zur Zerstörung des zweiten Tempels. Auerbachs Schul- und Hausbibel. IIa Dr. Kracauer, IIb Dr. Brüll. b) Hebräisch 2 St. Ausgewählte Abschnitte aus dem Pentateuch und den Propheten; Psalmen und die wichtigsten Gebete. Regelmäßige und unregelmäßige Conjug. Grammatische Erläuterungen Levy, Hebr. Lesebuch und hebr. Grammatik. IIa Dr. Kracauer, IIb Dr. Brüll.

Deutsch. 3 St. a) Grammatik. Repetition der Lehre vom zusammengesetzten Satz und der Interpunktion. b) Lesen: Schillers Balladen, Odyssee (Voß'sche Übersetzung), in IIa Uhland, Herzog Ernst und aus Hopf u. Paulsiek für III. Memorierübungen aus der poetischen Lektüre. Das Wichtigste aus der Metrik. c) Stilübungen: Alle 3 Wochen ein Aufsatz. In IIa Dr. Kracauer, IIb Dr. Philippson.

Französisch. 5 St. a. Grammatik 3 St. Die Lehre von der Wortstellung, dem Gebrauch der Zeiten, Modi und Participien. Plötz, Schulgrammatik (Lect. 38—58). Alle 14 Tage 1 Extemporale oder Exercitium b) Lektüre 2 St. Im Sommer: Plötz, Chrestomathie. Im Winter: Vie de Franklin par Mignot, Memorieren von Prosastücken und Gedichten. IIa Dr. Stern, IIb Dr. Philippson.

Englisch. 4 St. 1) Grammatik: Plate, Lect. 35—67. 2) Lektüre: Lüdeking I, Ausgewählte prosaische und poetische Stücke, einige memoriert. IIa Dr. Stern, IIb Dr. Philippson.

Geschichte. 2 St. Deutsche Geschichte von Maximilian I. bis zum Tode Friedrichs II. Eckertz, Hilfsbuch; Cauer Tabellen. IIa Dr. Kracauer, IIb Dr. Philippson.

Geographie. Die außerdeutschen Länder von Europa. Repetition von Deutschland. Daniel, Leitfaden. Dr. Kracauer.

Mathematik. 4 St. 1) Geometrie. 2 St. Vergleichung des Flächeninhalts gradliniger Figuren, Verwandlung, Teilung und Ausmessung derselben. Ähnlichkeit geradliniger Figuren. Berechnung der Seiten und des Inhalts regulärer Polygone. Rektifikation und Quadratur des Kreises. (Kambly, Planimetrie.)

2) Algebra. 2 St. Gleichungen ersten Grades mit mehreren Unbekannten. Rein- und gemischtquadratische Gleichungen. Diophantische Aufgaben. (Barbey, Aufgabensammlung.) IIa Dobriner, IIb Wertheim.

Rechnen. 2 St. Die Lehre vom Wechsel. Wechselberechnungen nach dem Frankfurter Kurszettel und nach den auswärtigen Wechselplätzen. Anwendung der Zinszahlen. Berechnung der Wertpapiere nach dem Frankfurter Kursblatte. Teblée.

Physik. 3 St. Mechanik der festen, flüssigen und luftförmigen Körper. (Dorner, Grundzüge der Physik. IIa Dobriner, IIb Dr. Epstein.

Naturbeschreibung. 2 St. Im Sommer: Anthropologie, im Winter: Chemie. Einleitung in die Chemie; einige Metalloide. (Rüdorff, Grundriß der Chemie). Blum.

Tertia.

(Klassenlehrer: In IIIa Dr. Stern; in IIIb Herz.

Religionslehre. 3 St. a) Biblische Geschichte: Im Anschluß an die Wiederholung der Geschichte vom Tode Sauls bis zur Zerstörung Samarias wurden die prophetischen Schriften mit Auswahl gelesen und erklärt. (Auerbach, Schul- und Hausbibel). b) Hebräisch: Einige Abschnitte aus Exodus, Psalmen, Gebete übersetzt und erklärt. Wiederholung der regelmäßigen Konjugation, gelegentliche Hinweisung auf die unregelmäßigen Zeitwörter. Dr. Brüll.

Deutsch. 3 St. a) Grammatik: Der einfache und zusammengesetzte Satz. Die Interpunktion. Wort- und Satz-Analysen. (Gurcke's Deutsche Schulgrammatik) 1 St. b) Lektüre: Hopf und Paulsiek, III. Memorieren von Gedichten. 2 St. c) Stilübungen. Alle drei Wochen ein Aufsatz. IIIa Dr. Tachau, IIIb Herz.

Französisch. 6 St. a) Grammatik: Plötz, Lektion 24—39. Wiederholung der unregelmäßigen Verba. Schriftliche Exercitien und alle 14 Tage ein Extemporale. 3 St. b) Lektüre: Ausgewählte Stücke aus der Chrestomathie von Plötz. Memorieren von Gedichten und prosaischen Stücken. 3 St. IIIa Dr. Stern. IIIb Herz

Englisch. 5 St. a) Grammatik: Plate, Lehrbuch der engl. Sprache, Lektion 1—34. b) Lektüre: Stücke aus Plate und Lübeking. I. Auswendiglernen von Gedichten. IIIa Dr. Stern IIIb Dr. Ferwer.

Geschichte. 2 St. Geschichte des Mittelalters. (Eckertz, Hilfsbuch für den ersten Unterricht in der deutschen Geschichte. Cauer). IIIa Dr. Kracauer. IIIb Herz.

Geographie. 2 St. Grundlehren der Geographie. Die außereuropäischen Erdteile. Daniels Leitfaden, erstes Buch A und zweites Buch. Dr. Kracauer.

Mathematik. 4 St. a) Geometrie 2 St. Die Lehre von den Dreiecken beendet. Parallelogramm. Kreis. (Kambly, Planimetrie). b) Algebra. 2 St. Die Gleichungen des ersten Grades mit einer und mit zwei Unbekannten. Quadratwurzeln. (Bardey, Aufgabensammlung.) IIIa Dobriner. IIIb Wertheim.

Rechnen. 2 St. Münzreduktion. Einfache und zusammengesetzte Regel de tri in geraden und umgekehrten Verhältnissen, Kettensatz, Prozentrechnung (Gewinn- und Verlustrechnungen). Zusammengesetzte Zinsrechnungen mit den nötigen Verkürzungen. Gesellschaftsrechnung. Teblöe.

Naturbeschreibung. 2 St. Im Sommer: Die Bäume und die Gräser. Im Winter: Wirbellose Tiere mit besonderer Berücksichtigung der Insekten. Blum.

Quarta.

(Klassenlehrer: IVa Dr. Ferwer, in IVb Bornstein.)

Religionslehre. 2 St. a) Lektüre und Erklärung des Pentateuch. Eingehende Behandlung der biblischen Geschichte bis zum Tode Sauls. Besprechung der Festtage. Auerbach's Schul- und Hausbibel. b) Hebräisch 2 St. Genesis, Die Geschichte Joseph's. Psalmen, Gebete. Das regelmäßige Zeitwort. IVa Dr. Ab. Brüll; IVb Dr. Schwarz.

Deutsch. 4 St. a) Grammatik: Wiederholung der Wortlehre. (Gurcke's Hauptp. § 1—45). Die Lehre vom zusammengezogenen und zusammengesetzten Satz (ebendas. § 59—74). b) Lesen: Ausgewählte Stücke aus Hopf und Paulsiek, IV., mit den erforderlichen Erläuterungen. Memorieren von Gedichten. c) Stilübungen: Alle 14 Tage einen Aufsatz erzählenden und beschreibenden Inhalts; orthographische Übungen. IVa Dr. Steinhard; IVb Bornstein.

Französisch 7 St. a) Grammatik: Plötz, Schulgrammatik Lektion 1—23. b) Lektüre: Plötz, Chrestomathie. IVa Dr. Ferwer; IVb Bornstein.

Geschichte. Griechische und römische Geschichte. (Jäger, Hilfsbuch; Cauer.) IVa Dr. Steinhard; IVb Bornstein.

Geographie. 2 St. Physische und politische Geographie Deutschlands und der angrenzenden kleineren Länder. (Daniel, Leitfaden). IVa Dr. Steinhard; IVb Bornstein.

Rechnen. 2 St. Wiederholung der Bruchrechnungen. Dezimalbrüche. Regel de tri in geraden Verhältnissen. Einfache Zinsrechnung. Kopfrechnen. Strauß.

Mathematik. 4 St. a) Geometrie. 2 St. Anfangsgründe. Lehre von den Parallelen, den Dreiecken und ihrer Kongruenz. IVa Strauß; IVb Wertheim. b) Algebra. Die vier Grundoperationen mit allgemeinen Größen. IVa Strauß; IVb Wertheim.

Naturbeschreibung. 2 St. Im Sommer: Botanik. Die Äpfel= und Mandelfrüchtler, die Rosen= und Doldengewächse, die Kornblümler 2c. Im Winter: Reptilien, Amphibien, Fische und Mollusken. (Schilling's Grundriß der Zoologie). Blum.

Schreiben. 2 St. Müller I.

Zeichnen. 2 St. Stix.

Quinta.

Klassenlehrer: Va Dr. Steinhard; Vb Schönhof.

Religionslehre. a) Bibel. 2 St. Wiederholung des Pensums der vorigen Klasse und Fortsetzung bis zum Untergang des Reiches Juda; Daniel, Esther, Esra, Nehemia. Memorieren ausgewählter Psalmen und Sprüche. (Auerbach, Biblische Erzählungen II). Dr. Schwarz. b) Hebräisch. 3. St. Übersetzung ausgewählter Kapitel aus dem 1. Buch Mosis und dem Gebetbuch. Grammatische Erläuterungen im Anschluß an die Lektüre, Hauptwort, Fürwort, das regelmäßige Zeitwort im Kal. Dr. Schwarz.

Deutsch. 4 St. a) Grammatik mit Stilübungen: der einfache und erweiterte einfache Satz. Wiederholung der Formenlehre. Fortgesetzte orthographische Übungen (Hauptpunkte und Übungsbuch von Gurcke). Kleine erzählende Aufsätze. b) Lesen mit steter Rücksicht auf Richtigkeit des Ausdrucks und und Verständnis des Gelesenen. Auswendiglernen von Gedichten (Hopf und Paulsiek, Quinta). Va Dr. Steinhard; Vb Schönhof.

Französisch. 8 St. a) Grammatik. Comparation, Teilungsartikel, regelmäßiges Verb, Pronomen (Plötz, Elementarbuch, Lektion 45—85). Extemporalien. b) Lektüre. Lesestücke aus Plötz, Elementarbuch. Einzelne Stücke wurden memoriert. Va. Dr. Steinhard; Vb Bornstein.

Geschichte. 1 St. Erzählungen aus der deutschen Geschichte vom Beginn der Völkerwanderung bis zu den Freiheitskriegen (Cauer, Geschichtstabellen). Va Dr. Steinhard; Vb Schönhof.

Geographie. 2 St. Europa mit Ausschluß Deutschland's (Daniel, Leitfaden). Va Dr. Steinhard; Vb Dobriner.

Rechnen. 4 St. Die gemeinen Brüche und die Decimalbrüche. Kopfrechnen. Va. Dobriner; Vb Schönhof.

Naturbeschreibung. 2 St. Sommer: Kreuzblümler, Schmetterlingsblümler, Lippenblümler, Nachtschattenarten. Winter: Vögel und Insekten (Schilling, Grundriß der Zoologie). Blum.

Schreiben. 2 St. Müller I.

Zeichnen. 2 St. Stix.

Sexta.

(Klassenlehrer: Dr. Tachau. — 34 Stunden).

Religionslehre. a) Biblische Geschichte: 2 St. Wiederholung des Pensums der vorigen Klasse. Josua, die Richter, Ruth, Samuel bis zum Tode Davids. — Die Feste. — Auerbach, biblische

Erzählungen I u. II. — Dr. Tachau. b) Hebräisch: 4 St. Leseübungen. Übersetzt wurden: Genesis, Cap. 1, 2, Vs. 1—10; Cap. 6, 7, 8, 22, der Anfang von Cap. 37. Einige Stücke aus dem Gebetbuche wurden übersetzt und memoriert. — Textausgabe der Genesis. Wiener Vocabularium. Das Gebetbuch. Dr. Tachau.

Deutsch. 4 St. a) Grammatik: Substantivum, Adjektivum, Pronomen, Verbum, Adverb., Subjekt, Prädikat, Objekt. Analysieren von Sätzen Wöchentlich zwei häusliche Aufgaben. b) Orthographie: Wiederholung der Vokaldehnung. Die s-Laute; d, t, th, dt; f, v. ph; die Endsilben ig, ich, lich, icht, isch; Vorsilben: ent, em, ur, er, ver. Wöchentlich ein Diktat. — Gurcke, Hauptpunkte der deutschen Sprachlehre und Übungsbuch. c) Lesen. Leseübungen mit steter Rücksicht auf Richtigkeit des Ausdrucks und Verständnis des Gelesenen. Auswendiglernen von Gedichten. — Hopf und Paulsiek, Lesebuch für Sexta. Dr. Tachau.

Französisch. 8 St. Die Deklination des Substantivs und Adjektivs; die Pronomina; Zahlwörter; avoir und être; die erste Konjugation. Wöchentlich ein Extemporale; im Winter außerdem alle 14 Tage ein französisches Diktat. — Plötz, Elementarbuch (Lekt. 1—45. 51—55). Dr. Tachau.

Geschichte. 1 St. Griechische Sagengeschichte. Die im Lesebuche von Hopf und Paulsiek für Sexta enthaltenen Sagen; im Anschlusse an dasselbe die bekanntesten übrigen Sagen frei erzählt und nacherzählt. Dr. Tachau.

Geographie. 2 St. Die wichtigsten geographischen Begriffe. Asien, Afrika, Amerika, Australien. — Daniel, Leitfaden, erster Kursus. Dr. Tachau.

Rechnen. 4 St. Resolution, Reduktion und die vier Species mit unbenannten und benannten ganzen Zahlen. Kopfrechnen. — Übungsbuch von Böhme, Heft 3. Strauß.

Naturbeschreibung. 2 St. Im Sommer: Pflanzen von leichtverständlichem Bau. Aufstellung einiger Pflanzenfamilien. — Im Winter: Säugetiere. — Schilling, Grundriß der Zoologie. Strauß.

Schreiben. 2 St. Müller I.

Technischer Unterricht.

a) Turnen. Die Klassen von I bis VI wurden, unter Kombination der Parallelklassen, in sechs Abteilungen in je zwei Stunden wöchentlich unterrichtet und zwar I bis incl. V von dem Turnlehrer Schulz, VI von dem Elementarlehrer Frank. Dispensiert waren in I u. II je 6, in III 3, in IV 4, in V u. VI je 1 Schüler.

b) Gesang. 7 Abteilungen und zwar: 1) III A u. B, 2) IV A, 3) IV B je eine Stunde, 4) V A, 5) V B, 6) VI je 2 Stunden, 7) III, IV, V kombiniert eine Chorstunde. Gesanglehrer Kunkel.

c) Schreiben. In I, II, III wird je eine Stunde fakultativer Schreibunterricht erteilt. Eine Dispensation von diesem Unterricht ist nicht nachgesucht worden. Müller I.

B. Vorschule.
Erste Klasse.
(In zwei Parallelklassen geteilt. Klassenlehrer: Ia Scherer, Ib Frank.)

Religionslehre. a) Biblische Geschichte. 2 St. Wiederholung und Vervollständigung des Kreises der in der 2. und 3. Klasse mitgeteilten Erzählung und Fortführung derselben bis auf die Zeiten des Propheten Samuel. Die Feste. Memorieren ausgewählter Bibelverse. Auerbach), Biblische Erzählungen I. b) Hebräisch. 2 St. Rahmer, Hebr. Gebetbuch I, gelesen und teilweise übersetzt. Einübung der Quadratschrift. Frank.

Deutsch. 8 St. a) Korrektes, deutliches Lesen mit sinnrichtiger Betonung. Erklärung ausgewählter Lesestücke und Erlernen kleiner Gedichte wie auch kurzer Prosastücke. Übungen im Nacherzählen. Paulsiek VII Graebner's Robinson. b) Übungen im Rechtschreiben mit besonderer Berücksichtigung der Dehnung, Schärfung und Umlautung. c) Deklination der Substantive mit dem Artikel und mit dem attributiven Adjektiv, Konjugation im Indikativ. Übung im sicheren Auffinden von Subjekt und Prädikat, Unterscheidung von Subjekt und Prädikat, Unterscheidung von Substantiv, Adjektiv, Verbum, Pronomen personale und possessivum, Numerale, Artikel. (Gurde, Übungsbuch). Frank.

Rechnen. 5 St. Die vier Rechnungsarten im höheren Zahlenkreise bis auf 100,000 mündlich und schriftlich. (Böhme, Übungsbuch, 2. Heft.) Schreiben. 4 St. Müller II. Turnen. 2 St. Frank. Gesang. 1 St. Kunkel.

Zweite Klasse.
Klassenlehrer: Dr. Kuttner.

Religion. a) Biblische Geschichte. 2 St. Wiederholung und Erweiterung des Kreises der in der 3. Klasse mitgeteilten Erzählungen. Israel in Egypten. Moses. Die Offenbarung am Sinai. Die 10 Worte. Memorieren ausgewählter Bibelverse. Die Feste. b) Hebräisch. 2 St. Lesen nach der Horwitz'schen Fibel. Einzelnes übersetzt und auswendig gelernt. Dr. Kuttner.

Deutsch. 7 St. a) Lesen deutscher und lateinischer Schrift. Sprechübungen. Wiedererzählen des Gelesenen. Erlernen kleiner Gedichte wie auch kurzer Prosastücke (im Anschluß an das Lesebuch). Paulsiek, Lesebuch für VIII. b) Übungen im Rechtschreiben. Einführung in die Dehnung und Schärfung. Unterscheiden ähnlich klingender Anfangs- und Endkonsonanten. Silbentrennung. c) Unterscheidung von Substantiv, Adjektiv, Verbum. Dr. Kuttner.

Rechnen. 5 St. Die vier Rechnungsarten im Zahlenkreis von 1—100 mit benannten und unbenannten Zahlen. (Böhme, Übungsbuch, 1. Heft.) Heinemann. Schreiben. 4 St. Müller II. Turnen. 1 St. Dr. Kuttner. Gesang. 1 St. Kunkel.

Dritte Klasse.
Klassenlehrer: Heinemann.

Religion. 2 St. Die biblischen Erzählungen vom Paradies, dem babylonischen Turmbau, der Sintfluth, der Patriarchen. Joseph. Die Feste des Jahres. Einige Bibelverse auswendig gelernt. Heinemann.

Deutsch. 12 St. a) Lesen: Bis zum geläufigen, lautrichtigen Lesen der deutschen und lateinischen Druckschrift. Zerlegen der Wörter in ihre Bestandteile. Erklärung der schwierigeren Begriffswörter eines Lesestückes und dessen Inhalts. Schreiben von Wörtern und Sätzen nach dem Gehör. (Fibel von Widerhold.) b) Schreiben. Im ersten Semester in Verbindung mit dem Lesen. Hierauf besondere Übungen im Schönschreiben und Abschreiben aus dem Lesestoffe der Fibel, zuerst auf Schiefer und dann auf Papier. Heinemann.

Rechnen. 4 St. Die vier Rechnungsarten im Zahlenkreise 1 bis 20 mit benannten und unbenannten Zahlen, ohne Anwendung von Ziffern. Heinemann.

C. Höhere Töchterschule.

Übersicht der Verteilung der Stunden unter die einzelnen Lehrer und Lehrerinnen im Schuljahre 1884/85.

	Klassenlehrer in	Höhere Töchterschule.						Vorschule.			
		I.	II.	III.	IV.	V.	VI.	1	2	3	
Dr. Baerwald.		2 Relig. 2 Gesch.									4
Blum.					2 Naturgeschichte						2
Dr. Brüll.				3 Relig. u. Hebr.	3 Relig. u. Hebr.						6
Dobriner.					3 Rechn.						3
Dr. Epstein.	I.	2 Physik 2 Geogr. 1 Math.	2 Physik	2 Physik							9
Frand.							2 Naturb.				2
Kunkel.		1 Gesang	1 Gesang	2 Gesang	2 Gesang	2 Gesang		Gesang 1	Gesang 1	Gesang	13
				1 Chorgesang.							
Dr. Kuttner.	IV.	4 Deutsch 1 alte Gesch.			5 Franz. 3 Relig.						13
Dr. Mannheimer.	II.	4 Deutsch 2 Gesch. 2 Geogr.	2 Gesch. 2 Geogr.	5 Deutsch 2 Gesch. 2 Geogr.	2 Gesch.						25
Dr. Michel.			(5 Franz.)		(5 Franz.) 2 Geogr.						12
Müller I.		1 Schreib	1 Schreib	1 Schreib	3 Schreib	3 Schreib					9
Müller II.							3 Schreib	4 Schreib	4 Schreib		11
Dr. Philippson.		4 Engl.	4 Engl.								8
Scherer.	V.					3 Rechn. 3 Naturb. 3 Relig. u. Hebr.					8
Schoenhof.				4 Deutsch	3 Rechn.	5 Deutsch					12
Schulz.		2 Turnen	2 Turnen	2 Turnen	2 Turnen	2 Turnen		2 Turnen	1 Turnen		13
Dr. Schwarz.							3 Relig. u. Hebr.				3
Tobler.		2 Rechn.	3 Rechn.								5
Frau Beer.		2 Handarbeit	2 Handarbeit	2 Handarbeit	2 Handarbeit	2 Handarbeit					12
Fräul. Fischer.	III.	5 Franz.	5 Franz.	5 Franz. 2 Engl.	5 Franz.						24
Fräul. E. Meier.	VI. u. 1.					8 Franz. 4 Rechn.		8 Deutsch 2 Relig. 2 Hbarbt.			24
Fräul. J. Meier.	2							5 Rechn.	2 Relig. 7 Deutsch 5 Rechn. 2 Hbarbt.	2 Relig.	23
Fräul. Schierholz.		2 Zeichn.	2 Zeichn.	2 Zeichn.	2 Zeichn.	2 Zeichn.					10
Frau Stern.	3					5 Deutsch 2 Geogr.			11 Dtsch 5 Rechn.		23

Erste Klasse.

(Klassenlehrer: Dr. Epstein).

Religionslehre. 2 St. Die Glaubens- und Pflichtenlehre. Vom Gottesdienst und Gebet. Übersetzung der wichtigsten Gebete. Hauptmomente der jüdischen Geschichte. Der Direktor.

Deutsch. 4 St. a) Grammatik und Stil. 1 St. Wöchentliche Übungen zur Wiederholung der Interpunktion und Orthographie. 13 Aufsätze. b) Lectüre. 2 St. Herder's Cid, Schiller's Wallenstein und Maria Stuart, Goethe's Iphigenie und 1. Buch von Wahrheit und Dichtung. Dazu Gedichte, besonders von Schiller, Goethe, Uhland. Von diesen wurde eine Anzahl auswendig gelernt und früher gelernte wiederholt. Gelegentlich das Wichtigste aus der Poetik. c) Literaturgeschichte. 1 St. Geschichte der deutschen Literatur bis auf Goethe und Schiller einschließlich. Dr. Kuttner.

Französisch. 5 St. a) Grammatik. 2 St. Plötz, Schulgrammatik Lektion 50—65. Subjonctif, Partic. prés. und passé, Syntaxe de l'article, de l'adjectif et de l'adverbe, mündliche und schriftliche Übersetzungen der Übungsstücke, alle 14 Tage ein Extemporale. b) Lectüre. 2 St. Les aventures de Télémaque par Fénélon, livre 1 à 11. c) Conversation. 1 St. im Anschluß an Plötz, petit vocabulaire, schriftliche Übungen über das Besprochene, größere Gedichte gelernt. Frl. Fischer.

Englisch. 4 St. a) Grammatik. 2 St. Lehre vom Pronomen, Adverb; Syntax des Artikels, Substantivs, Adjectivs und Verbs. Alle 14 Tage ein Extemporale oder Exercitium. (Plate, Lehrbuch L. 68—77, 84—110. b) Lectüre. 2 St. Ausgewählte Stücke aus Lübecking, Engl. Lesebuch II. Th., Memorierübungen aus dem poet. Teil desselben. Dr. Philippson.

Geschichte. Neuere Geschichte bis zum Jahre 1815 mit besonderer Berücksichtigung der deutschen Geschichte. Walter III. Cauer. 2 St. Baerwald. Griechische und römische Geschichte, Geographie von Alt-Griechenland und Alt-Italien. 1 St. Dr. Kuttner.

Geographie. 1 St. Deutschland phys. und polit. (Daniel, Leitfaden.) Dr. Epstein.

Mathem. Geographie. 1 St. Dr. Epstein.

Mathematik. 1 St. Elemente der Geometrie. Dr. Epstein.

Rechnen. 2 St. Wiederholung der Zinsrechnung. Die Lehre vom Wechsel, Wechselreduktion, Berechnung der Wertpapiere nach dem Frankfurter Coursblatte. Teblée.

Physik. 2 St. Wärmelehre, Magnetismus, Electricität. (Dorner, Leitfaden.) Dr. Epstein.

Schreiben. 1 St. Müller I. — **Zeichnen.** 2 St. Frl. Schierholz. — **Handarbeiten.** 2 St. Frau Beer.

Zweite Klasse.

(Klassenlehrer: Dr. Mannheimer).

Religion. 3 St. Allgemeine Uebersicht und Inhaltsangabe der heiligen Schrift und der Apokryphen. Nachbiblische Geschichte von der Zerstörung des ersten Tempels bis zur Zerstörung des zweiten. 2 St. Hebräisch: 1 St. Ausgewählte Stücke aus dem Gebetbuch übersetzt und erklärt. Die Gebetordnung. Dr. Brüll.

Deutsch. 4 St. a) Lektüre. Die Lektüre von Hopf u. Paulsiek's Lesebuch für Tertia wurde vollendet; ferner wurden gelesen: die Jungfrau von Orleans, Wilhelm Tell, Maria Stuart, Minna von Barnhelm, Hermann und Dorothea. Die Gedichte Schillers wurden in größerer Auswahl erläutert und gelernt. Im Anschluß an die Lektüre wurden die wichtigsten Lehren der Poetik entwickelt. b) Grammatik.

Wiederholung. Die Lautlehre. c) Stil. Übungen im Disponieren, Entwicklung der wichtigsten stilistischen Regeln. Schilderungen, geschichtliche Darstellungen, Durchführung von Vergleichen und leichte Charakterschilderungen. Alle 2—3 Wochen ein häuslicher Aufsatz. Dr. Mannheimer.

Französisch. 5 St. a. Grammatik. 3 St. Inversion. Anwendung der Zeiten- und der Modusformen. Subjonctif. Mündliche und schriftliche Uebersetzung der Übungsstücke. Alle 14 Tage ein Extemporale. Plötz, Schulgrammatik. Lektion 39 bis Lekt. 55. b. Lektüre. 2 St. Plötz, Chrestomathie. Abschn. II. Recits historiques 1—10, Abschn. VII. Dialogues. Le diplomate par Scribe. Conversation über Gelesenes. Seit Oktober war die Klasse in 2 Abtheilungen geteilt, in der einen Fräulein Fischer, in der anderen Dr. Michel.

Englisch. 4 St. a) Grammatik. Wortlehre. Der Artikel, das Substantiv, Adjectiv, Zahlwort, Verb. Plate, Lehrbuch der engl. Sprache, L. 35—67. Alle 14 Tage ein Extemporale oder ein häusliches Exercitium. b) Lektüre. Ausgewählte Stücke aus Lübecking, Engl. Lesebuch 1. Teil. Memorierübungen von prosaischen und poetischen Stücken. Dr. Philippson.

Geschichte. 2 St. Von Rudolph von Habsburg bis zum westfälischen Frieden. Welter II u. III. Cauer's Geschichtstabellen. Dr. Mannheimer.

Geographie. 2 St. Die außereuropäischen Erdtheile. Daniel, Leitfaden. Dr. Mannheimer.

Rechnen. 3 St. Münzreduktion. Einfache und zusammengesetzte Regel de tri in geraden und umgekehrten Verhältnissen, Zinsrechnung, Kettensatz, Gesellschaftsrechnungen. Teblée.

Physik. 2 St. Mechanik der luftförmigen Körper und Wärmelehre. Dorner, Leitfaden. Dr. Epstein.

Schreiben. 1 St. Müller I. — Zeichnen. 2 St. Frl. Schierholz. — Handarbeiten. 2 St. Frau Beer.

Dritte Klasse.
(Klassenlehrerin: Fräulein Fischer.)

Religion und Hebräisch. 3 St. Anknüpfend an eine Wiederholung der biblischen Geschichte vom Tode Sauls bis zur Zerstörung Samarias wurden Abschnitte aus den Propheten und einzelne Psalmen gelesen und erklärt. Übersetzung mehrerer Abschnitte aus dem Gebetbuche. Auerbach, Schul- und Hausbibel, Das hebräische Gebetbuch ed. Roedelheim. Dr. Brüll.

Deutsch. 4 St. a) Grammatik. Wiederholung der Wortlehre und des einfachen Satzes. Der zusammengezogene und zusammengesetzte Satz. Arten der Nebensätze. Verkürzung der Sätze. Die Interpunktion. Gurcke, Schulgrammatik. Alle 14 Tage eine orthographische Übung. b) Lesen: Prosaische und poetische Lesestücke aus Hopf u. Paulsiek III. Memorieren von Gedichten. c) Stil. Alle 3 Wochen einen Aufsatz. Schönhof.

Französisch. 5 St. a) Grammatik. 3 St. Wiederholung der unregelmäßigen Verben. Leçon 19—34, die intransitiven, reflexiven, unpersönlichen Verben. Geschlecht und Plural der Substantive. Adjectiv und Adverb. Vocabeln. Mündliche und schriftliche Übersetzung der Übungsstücke. Alle 14 Tage ein Extemporale. Plötz, Schulgrammatik. b) Lektüre. 2 St. Narrations fictives, Abschnitt IV und Lettres, Abschnitt V aus Plötz, Chrestomathie. 6 größere Gedichte gelernt. Frl. Fischer.

Englisch. 4 St. a) Grammatik. Leseübungen, die Regeln der Aussprache, die wichtigsten Teile der Formenlehre. Mündliche und schriftliche Übersetzungen der Übungsstücke aus Plate, Lehrbuch der englischen Sprache, Lektion 1—34. Alle 14 Tage ein Extemporale. b) Lektüre. 1 St. seit Oktober die Lesestücke des Anhanges. Einige kleinere Gedichte gelernt. Frl. Fischer.

Geschichte. 2 St. Beendigung der alten Geschichte. Mittelalterliche Geschichte bis zu den Kaisern aus dem luxemburgischen Hause. Welter I u. II. Cauers Tabellen. Dr. Mannheimer.

Geographie. 2 St. Deutschland, physikalisch und politisch. Die kleineren Nachbarländer. Daniel, Leitfaden 4. Buch. Dr. Mannheimer.

Rechnen. 3 St. Wiederholung der Bruchrechnung, einfache Regel de tri und einfache Zinsrechnung. Kopfrechnen. Im Sommer: Teblóe. Im Winter: Dobriner.

Physik. 2. St. Mechanik der festen, flüssigen und luftförmigen Körper. Dorner, Leitfaden. Dr. Epstein.

Schreiben. 1 St. Müller I. — Zeichnen. 2 St. Frl. Schierholz. — Handarbeiten. 2 St. Frau Beer.

Vierte Klasse.
(Klassenlehrer: Dr. Kuttner.)

Religionsunterricht und Hebräisch. 3 St. Anknüpfend an eine Wiederholung der biblischen Geschichte bis zum Tode Sauls wurden ausgewählte, besonders das Gesetz betreffende Stücke aus dem Pentateuch gelesen und erklärt, ebenso einige Stücke aus den ersten Propheten, den Psalmen und Sprüchen. Einzelnes wurde auswendig gelernt. (Auerbach, Schul- und Hausbibel I und II.) 2 St. Hebräisch: Leseübungen, Übersetzung mehrerer Abschnitte aus dem Gebetbuch. 1 St. Dr. Kuttner.

Deutsch. 5 St. a) Grammatik: Der zusammengesetzte Satz. Interpunktion. Alle 8 Tage eine orthographische Übung. (Gurde, Hauptpunkte und Übungsbuch). 2 St. b) Lesen: Prosaische und poetische Stücke aus Hopf u. Paulsiek IV. Auswendiglernen von Gedichten. 2 St. c) Stilübungen: Alle 14 Tage ein Aufsatz. 1 St. Dr. Mannheimer.

Französisch. 5 St. a) Grammatik: Plötz, Elementarbuch, Abschnitt V beendet. Plötz, Schulgrammatik, Abschnitt I u. II. 4 St. b) Lektüre: Chrestomathie von Plötz, Sekt. I; Anecdotes. Einzelnes wurde auswendig gelernt. Dr. Kuttner.

Geschichte. 2 St. Griechische Geschichte. Die römische Geschichte bis zum Untergang der Republik. (Welter, Teil I. Cauer's Tabellen). Dr. Mannheimer.

Geographie. 2 St. Europa mit Ausschluß Deutschlands. (Daniel, Leitfaden). Dr. Mannheimer.

Naturgeschichte. 2 St. Im Sommer: Botanik. Die Äpfel- und Mandelfrüchtler, die Rosen- und Doldengewächse, der Korbblütler und einige Pflanzen aus anderen Familien. Im Winter: Reptilien, Amphibien, Fische und Mollusken. Blum.

Rechnen. 3 St. Gemeine und Decimalbrüche (Boehme, Übungsbuch, Heft 4). Übungen im Kopfrechnungen. Schönhof.

Schreiben. 3 St. Müller. — Zeichnen. 2 St. Frl. Schierholz. — Handarbeiten. 2 St. Frau Beer.

Fünfte Klasse.
Klassenlehrer: Scherer.

Religion. 3 St. a) Biblische Geschichte. 2 St. Von Samuel bis zum babylonischen Exil. Das Buch Esther. Memorieren einzelner Bibelstellen, Psalmen ꝛc. (Auerbach's Biblische Erzählungen, II. Teil). b) Hebräisch. 1 St. Leseübungen. Einige Gebetstücke wurden übersetzt und erklärt. Scherer.

Deutsch. a) Grammatik. Die Wortlehre unter Berücksichtigung des Zeitworts und der unveränderlichen Wortarten. Der erweiterte einfache Satz (Gurde, Hauptpunkte und Übungsbuch). b) Lesen: Übung im richtigen Lesen und Erklären prosaischer und poetischer Stücke. Memorieren von

Gedichten (Hopf und Paulsiek V). c) Stilübungen: Kleine Aufsätze erzählenden und beschreibenden Inhalts. Alle 8 Tage eine orthographische Übung. Schönhof.

Französisch. 5 St. a. Grammatik 4 St. Plötz, Elementarbuch von Leçon 41—74. Die Pronomina; Steigerung, Plural der Subst., das Zahlwort, der partitive Artikel; die regel. Verben. Mündliche und schriftliche Übersetzungen der Übungsstücke; wöchentlich ein Extemporale und eine schriftliche Übersetzung. b) Verbes. 1 St. wöchentlich. Einübung der regelmäßigen Conjugation der activen, passiven und rückbezüglichen Verben mündlich und schriftlich geübt. Vocabeln und kleine Gedichte gelernt. In Va Fischer, Vb Dr. Michel.

Geschichte. 2 St. Die griechische Geschichte bis auf Alexander den Großen. Dr. Mannheimer.

Geographie. 2 St. Erklärung der wichtigsten Vorbegriffe aus der mathematischen Geographie. Das wichtigste aus der Geographie von Asien, Afrika, Amerika und Australien. (Daniel, Leitfaden). Dr. Michel.

Rechnen. 3 St. Wiederholung der Resolution und Reduktion. Die 4 Species mit mehrsortigen ganzen Zahlen. Zeitrechnung. Kopfrechnen (Böhme, Heft 3). Scherer.

Naturgeschichte. 2 St. Im Sommer: Lippenblümler, Kreuz- und Schmetterlingsblümler, die Nachtschattenarten. Im Winter: Die Vögel und Insekten. (Schilling, Zoologie). Scherer.

Schreiben. 3 St. Müller I. Zeichnen. 2 St. Frl. Schierholz. Handarbeiten 2 St. Frau Beer.

Sechste Klasse.

Klassenlehrerin: Frl. E. Meier.

Religion. 3 St. a) Biblische Geschichte. Vom Anfang bis auf die Zeit des Königs Saul. Wie schon in der Vorschule, so wurde auch hier und in den folgenden Klassen vor dem Eintritt der Feste, ihre Einsetzung und Bedeutung erläutert, die darauf bezüglichen Bibelstellen wurden gelesen und auf die gottesdienstlichen Anordnungen hingewiesen. (Auerbach, Bibl. Erzählungen, I u. II.) Dr. Schwarz.
b) Hebräisch. 1. St. Erlernen des Lesens nach Horwitz: Hebr. Lesefibel. Übersetzung kleiner Gebetstücke. Dr. Schwarz.

Deutsch. 5 St. a) Grammatik. 2 St. Kenntnis der Redeteile. Subst., Konkreta und Abstrakta. Deklination. Adjectiva. Attr. und präd. Anwendung. Comparation. Pronomina. Deklination der persönlichen, besitzanzeigenden, hinweisenden und fragenden Fürwörter. Verba. Conjugation. Aktiv und Passiv. 6 Zeiten im Indikativ. Hilfsverben. Numeralia. Partikeln. Die Satzteile des erweiterten, einfachen Satzes. Subj., Präd., Obj. (Gurcke, Hauptpunkte, § 1—33. Übungsbuch).
b) Lesen. 2. Leseübungen mit Erläuterung des Gelesenen. Rücksicht auf Richtigkeit und Verständnis des Gelesenen. Auswendiglernen von Gedichten und Erzählen ausgewählter Prosastücke (Hopf und Paulsiek VI). c) Orthographie. 1 St. Wöchentlich 1 Diktat über gedehnte, geschärfte, ähnlich und gleichlautende Wörter mit Zugrundelegung der betr. Paragraphen im Übungsbuche von Gurcke. Frau Stern.

Französisch. Im Sommer 6 St., im Winter 8 St. Die ersten 40 Lektionen des Elementarbuchs von Plötz wurden mündlich und schriftlich übersetzt und das Französische abgeschrieben. Lese- uud Memorier-Übungen. Deklination des Substantivs und Adjektivs. Avoir und être. Wöchentlich 1 Extemporale. Frl. E. Meier.

Geographie. 2 St. Die wichtigsten, geographischen Begriffe. Die alte Welt (Daniel, Leitfaden, 1. Cursus). Frau Stern.

Rechnen. 4 St. Schriftlich: Numerieren im höheren Zahlenkreise. Die 4 Grundrechnungsarten in unbenannten ganzen Zahlen. Resolvieren und Reducieren. Addition und Subtraktion mehrfach benannter, ganzer Zahlen. Kopfrechnen. (A. Böhme, II. und III. Heft). Frl. E. Meier.

Naturgeschichte. 2. St. Im Sommer: Repräsentanten von Pflanzenfamilien mit einfacherem Bau. Im Winter: Die wichtigsten Ordnungen der Säugetiere. (Schilling, Tierreich). Frank.

Schreiben. 3 St. Müller II.

Technischer Unterricht.

a) Turnen: Der Turnunterricht wurde in den sechs Klassen der höheren Töchterschule in fünf Abteilungen in je 2 Stunden wöchentlich gegeben. Dispensiert waren im Ganzen 5 Schülerinnen. Schulz.

a) Gesang. Fünf Abteilungen und eine Chorgesang-Abteilung, zu welcher die Klassen I—V vereinigt waren; in I, II, III je eine, in IV, V, VI je 2 St. wöchentlich außer der Chorgesangstunde. Kuntel.

D. Die Vorschule

der höheren Töchterschule hat drei Klassen; sie befolgt bis auf den Religionsunterricht, bei welchem das Hebräische erst in der ersten Klasse begonnen wird, den Lehrplan der Vorschule der Realschule mit folgenden Modifikationen: 1) in II. und I. Klasse fällt der hebräische Unterricht weg. Das Lesen des Hebräischen wird in der ersten Klasse begonnen und es wird je ein Teil der zwei Bibelstunden darauf verwendet. 2) in II. und I. werden je 2 Stunden wöchentlich auf den Unterricht in weiblichen Handarbeiten verwendet. Klassenlehrerin in I Frl. E. Meier, in II Frl. J. Meier, in III Frau Stern.

II. Verfügungen der vorgesetzten Behörden.

K. P. S. C. 1884 April 25. läßt ein Exemplar der von demselben unter gleichem Datum erlassenen neuen Ferienordnung, sowie die auf dieselbe bezügliche Verfügung von gleichem Datum zur Kenntnisnahme zugehen, mit der Veranlassung, dahin zu wirken, daß auch an dieser Schule, soweit es die eigenartigen Verhältnisse derselben gestatten, die im übrigen für die höheren Schulen des Regierungs-Bezirks Wiesbaden eingeführte Ferienordnung zur Durchführung gelange. Binnen 8 Wochen soll von dem Direktor ein Plan eingereicht werden, aus welchem zu ersehen ist, welche Ferienordnung für diese Schule bis auf weiteres als wünschenswert erscheint. Die Jahressumme darf $10\frac{1}{2}$ Wochen nicht überschreiten. (Die neue Ferienordnung, „welche thunlichst auf die seiner Zeit über Einführung einer neuen Ferienordnung unseres Amtsbereichs erstatteten Berichte Rücksicht genommen", bestimmt: Osterferien $2\frac{1}{2}$ Wochen, der Anfang wird jährlich vom K. P. S. C. festgesetzt und zwar je nachdem Ostern früher oder später fällt, auf Sonntag Palmarum oder auf Donnerstag vorher. Pfingstferien: 1 Woche, vom Sonnabend vor Pfingsten bis zum Trinitatisfeste. Große Ferien: 5 Wochen vom 15. August ab [fällt der 19. September auf einen Sonnabend, so beginnt der Unterricht erst am folgenden Montage] Weihnachtsferien: 14 Tage, vom 23. December mittags ab, [fällt der 7. Januar auf einen Sonnabend, so beginnt der Unterricht erst am folgenden Montage.])

K. P. S. C. 16. u. 29. Mai 1884. Zu Anlaß eines von dem hiesigen Magistrate ergangenen Gesuchs wird auf Grund eines Ministerialerlasses mit Rücksicht auf die Dispositionen, welche viele Familien in diesem Jahre bereits für die ortsübliche Zeit getroffen hatten, angeordnet, daß die Ferienordnung vom 25. April d. J. erst von Weihnachten d. J. an in Kraft trete.

K. P. S. C. 1884 Juni 10. teilt zufolge einer Verfügung des Herrn Unterrichtsministers einen Erlaß des Herrn Ministers der öffentlichen Arbeiten vom 30. März 1884 mit, betr. die zur Erleichterung von Schulfahrten genehmigten Fahrpreisermäßigungen nebst dem darin in Bezug genommenen Erlaß vom 8. Juni 1881.

K. P. S. C. 1884 Juli 2. übersendet zur Beachtung bei Anschaffungen von Anschauungsmitteln für naturgeschichtlichen Unterricht ein Verzeichnis der wichtigsten Hilfsmittel für den zoologischen und botanischen Unterricht.

K. P. S. C. 1884 August 13. teilt Ministerialerlaß vom 14. Juli 1884 betr. Verhütung der Übertragung ansteckender Krankheiten durch die Schule zur Kenntnisnahme und genauesten Beachtung mit. 1. Zu den Krankheiten, welche vermöge ihrer Ansteckungsfähigkeit besondere Vorschriften für die Schulen nötig machen, gehören: a) Cholera, Ruhr, Masern, Röteln, Scharlach, Diphtherie, Pocken, Flecktyphus und Rückfallsfieber. b) Unterleibstyphus, kontagiöse Augenentzündung, Krätze und Keuchhusten, der letztere, sobald und so lange er krampfartig auftritt. 2. Kinder, welche an einer in Nr. 1a oder b genannten ansteckenden Krankheit leiden, sind vom Besuche der Schule auszuschließen. 3. Das Gleiche gilt von gesunden Kindern, wenn in dem Hausstande, welchem sie angehören, ein Fall der in No. 1a genannten ansteckenden Krankheiten vorkommt, es müßte denn ärztlich bescheinigt sein, daß das Schulkind durch ausreichende Absonderung vor der Gefahr der Ansteckung geschützt ist. 4. Kinder, welche gemäß No. 2 oder 3 vom Schulbesuch ausgeschlossen worden sind, dürfen zu demselben erst dann wieder zugelassen werden, wenn entweder die Gefahr der Ansteckung nach ärztlicher Bescheinigung für beseitigt anzusehen, oder die für den Verlauf der Krankheit erfahrungsmäßig als Regel geltende Zeit abgelaufen ist. Als normale Krankheitsdauer gelten bei Scharlach und Pocken sechs Wochen, bei Masern und Röteln vier Wochen. Es ist darauf zu achten, daß vor der Wiederzulassung zum Schulbesuch das Kind und seine Kleidungsstücke gründlich gereinigt werden. 5. Für die Beobachtung der unter No. 2—4 gegebenen Vorschriften ist der Direktor verantwortlich. Von jeder Ausschließung eines Kindes vom Schulbesuche wegen ansteckender Krankheit No. 2 und 3 ist der Ortspolizeibehörde sofort Anzeige zu machen.

K. P.-S. C. 1884 November 22. teilt Ministerialerlaß vom 10. November 1884 mit, betr. die Ordnung der die Lektionen unterbrechenden **Erholungspausen** und die Bestimmung der Zeitdauer für die von den Schülern in den aufsteigenden Klassen zu erfordernden **häuslichen Arbeiten**. In Bezug auf die häuslichen Arbeiten heben wir folgende besonders bemerkenswerthe Sätze heraus: „Die in der Erörterung der Überbürdungsfrage zuweilen vernommene weitest gehende Forderung, daß die Schule durch ihre Lehrstunden, vielleicht unter Hinzunahme einer von ihr beaufsichtigten gemeinsamen Arbeitszeit, die Unterrichtsaufgabe ausschließlich selbst zu erfüllen habe, ohne an die häusliche Beschäftigung der Schüler irgend einen Anspruch zu stellen, hat in den Kreisen, welche ausführend und beobachtend an dem Unterrichte der höheren Schulen beteiligt sind, keinen Anklang, nicht einmal Erwähnung gefunden. Gewiß mit Recht. Es ist für die Charakterbildung nicht gleichgültig, daß der Schüler auch außerhalb der Räume der Schule einer Verpflichtung gegen dieselbe sich bewußt bleibe; für die vollständige Aneignung des durch die Lehrstunden gebotenen Lernstoffes bildet in den untern Klassen die Beschäftigung außerhalb der Lektionen die sichernde Ergänzung, in den mittleren und oberen Klassen hat dieselbe den Anfang selbständigen Arbeitens herbei-

zuführen, zu welchem Befähigung und Neigung geschaffen zu haben, die wichtigste Mitgift der Schule für das Leben ist." „Es ist jedenfalls von einer nicht zu unterschätzenden Bedeutung, daß die wissenschaftliche Deputation für das Medicinalwesen, indem es ihr oblag, den Einrichtungen der Schule gegenüber die Forderungen der Gesundheitspflege geltend zu machen und jede Gefahr der Überbürdung abzuwehren, die häusliche Arbeit der Schüler als ein notwendiges und wesentliches Glied in dem Organismus der höheren Schulen anerkannt hat."
„Wenn für das Steigern der zulässigen Zeitdauer der täglichen häuslichen Arbeit folgende Stufenfolge angenommen wird: VI 1 St., V 1½ St., IV, IIIb 2 St., IIIa, IIb 2½ St., IIa, I 3 St., so wird dadurch nicht bloß der allmählichen Zunahme der geistigen Kraft und der Arbeitsfähigkeit der Schüler, sondern auch den in den Lehrplänen der Schulen enthaltenen Forderungen Rechnung getragen".

K. P. S. C. 1885 Januar 12 teilt einen Ministerialerlaß vom 7. Januar c. mit, enthaltend die Bestimmungen, welche von jetzt ab bei Abfassung der Schulprogramme zur Ausführung zu bringen sind.

K. P. S. C. 1885 Januar 17. betr. Verwaltung und regelmäßige Revision der Schulbibliothek. Für die Schülerbibliotheken wird die sorgfältigste Auswahl bei der Anschaffung der Bücher und bei ihrer Zuweisung an die Schüler der verschiedenen Bildungsstufen zur Pflicht gemacht.

K. P. S. C. 1885 Februar 10. teilt aus den von den Herrn Minister der öffentlichen Arbeiten erlassenen Bestimmungen über die Vorkehrungen zur Sicherstellung fiskalischer Gebäude gegen Feuersgefahr diejenigen zur Kenntnisnahme mit, welche ein besonderes Interesse für die Unterrichtsverwaltung haben.

K. P. S. C. 1884 November 25 und 1885 März 3. Die Schulamtskandidaten Dr. Joël und Louis Grätz werden zur Ableistung des pädagogischen Probejahres überwiesen.

K. P. S. C. 1885. Febr. 15. Stellt drei Ordnungen für die Erholungspausen zur Auswahl und giebt anheim, nach Beratung mit dem Lehrer-Kollegium und nach Benehmen mit den Dirigenten der andern Schulen, nach Maßgabe der in Betracht kommenden Umstände für eine derselben sich zu entscheiden.

K. P. S. C. 1885. Febr. 21. Betr. Feststellung der Zahl der schwerhörigen Schüler.

K. P. S. C. 1885. März 6. Teilt Ministerialerlaß vom 26. Febr. c. mit, durch welchen in Berücksichtigung der seitens der hiesigen städtischen Behörden anderweitig geltend gemachten lokalen Gesichtspunkte genehmigt wird, daß die für die höheren Schulen des Regierungsbezirks Cassel erlassene Ferienordnung auf die hiesigen höheren Schulen ausgedehnt werde. Demnach sind: 1) Osterferien 14 Tage: vom Sonntag Palmarum ab. 2) Pfingstferien 3 Tage: vom Sonnabend vor Pfingsten bis incl. Mittwoch nach Pfingsten. 3) Sommerferien: 4 Wochen vom 1. Sonntag im Juli ab. 4) Michaelisferien: 14 Tage vom Sonntage der Michaeliswoche ab. 5) Weihnachtsferien 14 Tage: vom 23. Dezember mittags ab. Fällt der 7. Januar auf einen Sonnabend, so beginnt der Unterricht erst am folgenden Montage.

III. Statistische Mittheilungen.
1. Frequenz für das Schuljahr 1884/85.

			A. Realschule.										B. Vorschule.				
		OI	UI	IIa	IIb	IIIa	IIIb	IVa	IVb	Va	Vb	VI	Sa.	1	2a	2b	3	Sa.
1. Bestand am 1. Februar 1884			3	33	25	26	25	21	28	31	35	36	49	312	57	36	34	46	173
2. Abgang bis zum Schluß des Schuljahres 1883/84		3	29	2	—	2	4	4	3	1	2	4	54	13	1	1	1	16
														1a	1b	2	3	
3a Zugang durch Versetzung zu Ostern		—	17	16	21	14	21	25	29	29	22	22	38	254	34	28	44	—	107
3b „ „ Aufnahme zu Ostern		—	—	—	1	1	—	—	—	—	3	1	5	11	—	1	1	31	33
4. Frequenz am Anfang des Schuljahres 1884/85		—	17	20	28	25	23	28	34	30	29	29	44	307	34	34	51	32	151
				Ia	Ib														
5. Zugang im Sommersemester		—	—	—	—	—	—	—	—	—	—	—	—	—	—	—	—	—	—
6. Abgang im Sommersemester		—	1	—	1	—	2	1	1	2	—	—	2	10	2	—	1	—	3
7a Zugang durch Versetzung zu Michaelis		—	—	—	—	—	—	—	—	—	—	—	—	—	—	—	—	—	—
7b „ „ Aufnahme zu Michaelis		—	—	—	—	—	2	—	—	3	—	1	1	7	1	—	—	2	3
8. Frequenz am Anfang des Wintersemesters		—	16	20	27	25	23	27	33	31	29	30	43	304	33	34	50	34	151
9. Zugang im Wintersemester		—	—	—	—	—	—	—	—	—	—	—	—	—	—	—	—	—	—
10. Abgang im Wintersemester		—	—	—	—	1	1	—	—	1	—	—	—	3	—	—	—	—	—
11. Frequenz am 1. Februar 1885		—	16	20	27	24	22	27	33	30	29	30	43	301	33	34	50	34	151
12. Durchschnittsalter am 1. Februar 1885		—	16,4	16	15,26	14	13,7	14,1	13,69	12,9	11,9	12,1	10,4	—	9,16	9,1	8,16	7,00	—

2. Religions- und Heimatsverhältnisse der Schüler.

	A. Realschule.							B. Vorschule.					
	Evgl.	Kath.	Diss.	Juden	Einh.	Ausw.	Ausl.	Evgl.	Kath.	Diss.	Juden	Einh.	Ausw.	Ausl.
1. Am Anf. d. Sommersemesters	4	3	—	300	278	24	5	2	—	—	149	146	5	—
2. Am Anf. d. Wintersemesters	4	3	—	297	274	24	6	2	—	—	149	146	5	—
3. Am 1. Februar 1885	4	2	—	295	273	24	4	2	—	—	149	146	5	—

3. Frequenz der Mädchenschule im Schuljahr 1884/85.

Klasse	I	II	III	IV	V	VI	VII	VIII	IX	Zusammen
Gesamtzahl	12	35	34	39	44	44	51	40	39	338
Sommersemester	12	35	34	39	44	43	50	40	39	336
Wintersemester	12	31	34	39	44	44	48	39	37	328

IV. Chronik der Schule.

Montag, 21. April 1884, fand vormittags die Aufnahme-Prüfung statt, nachmittags wurden die neu aufgenommenen Schüler und Schülerinnen in die Schule eingeführt, Dienstag, 22. April früh 7 Uhr wurde das Schuljahr feierlich eröffnet.

Der auf Grund des Ministerialerlasses vom 23. April 1883 festgestellte Lehrplan für die Vorschule (s. Einladungsschrift vom vorigen Jahre, S. 25 u. 29) gelangte in den Vorschulen der Real- und der höheren Töchterschule in diesem Jahre zum erstenmale zur Durchführung. Es ist nunmehr von dem Kgl. Prov. Schulkollegium bis auf weiteres angeordnet, daß diejenigen Schüler der mit den hiesigen Realanstalten verbundenen Vorschulen, welche durch das Vorschulzeugnis als reif für die Sexta erklärt worden sind, bei unmittelbarem Uebertritt in das hiesige Gymnasium einer Aufnahmeprüfung für die Gymnasial-Sexta nicht zu unterziehen sind.

In den beiden obersten Mädchenklassen wurde mit Beginn des Schuljahres der Turnunterricht eingeführt, so daß nunmehr von der zweiten Vorschulklasse an, sämtliche Mädchenklassen im Turnen unterrichtet werden.

Im Mai fanden die üblichen Klassenspaziergänge statt; auch sonst wurden von einzelnen Klassen freie Nachmittage zu Ausflügen benützt; im Laufe des Winters wurden wiederholt Nachmittage zum Schlittschuhlaufen frei gegeben. Der Tag von Sedan wurde durch eine Schulfeier mit Gesang und Deklamation festlich begangen; die Festrede hielt der ord. Lehrer Herr Dr. Steinhard über Blücher. Daran schloß sich ein Schauturnen, bestehend aus einem Aufmarsch sämtlicher Schüler der Realschule, Frei- und Ordnungsübungen, Geräteturnen, Ballspiel. Alles war von dem Turnlehrer Herrn Schulz sorgfältig vorbereitet, und wurde unter seiner Leitung mit Präcision und Gewandtheit durchgeführt. Mit einem Hoch auf S. M. den Kaiser wurde die Feier, bei welcher außer dem gesamten Lehrer-Kollegium auch Eltern der Schüler anwesend waren, geschlossen. Bei der bevorstehenden Feier des Geburtstages Sr. Majestät des Kaisers und Königs wird der ord. Lehrer, Herr Dr. Kracauer, die Festrede halten: Ueber die maritimen Bestrebungen des großen Kurfürsten.

Das Sommersemester brachte uns eine Reihe schmerzlicher Verluste. Am 9. Juni starb der seit dem März 1883 emeritierte Lehrer, Herr Dr. Bernhard Lehmann. Geboren am 1 August 1819 hier zu Frankfurt a. M., Sohn des am 3. Dezember 1834 verstorbenen Lehrers an unserer Schule Lehmann Hanau, absolvierte er zuerst unsere Schule, dann das hiesige Gymnasium, studierte zu Bonn und Leipzig neuere Sprachen und trat schon Ende 1841 als Lehrer an unserer Schule ein, an welcher er über 41 Jahre segensreich gewirkt hat. Lehmann war ein geradsinniger, offener, treuherziger, bescheidener Mann, ein kenntnisreicher, pflichttreuer, überaus eifriger und anregender Lehrer, der am Lernen und Lehren seine Lust fand. Bei seinem rastlosen Fleiß gewann er auch noch Zeit zu litterarischen Arbeiten.*) Seine

---

*) Es sind von Dr. Lehmann erschienen:

Funk's Spanische Sprachlehre, 3. u. 4. Aufl., verbessert u. herausgeg. von Dr. B. Lehmann. Frankfurt a. M. Jügel.
Gramatica alemana pura los Españoles por Dr. B. L. Frankfurt a. M. Jügel 1865. 2. Aufl. 1876.
Fiori Manuale della conversazione italiana e tedesca 3 edizione rivedata e aumentata da Dr. B. Lehmann. Stuttgart. P. Neff.
Rhode's Handbuch der Handelskorrespondenz und des Geschäftsstyles in Deutsch, Französisch, Englisch, Italienisch und Spanisch von Dr. B. Lehmann. Frankfurt a. M. Sauerländer.
Teatro español I. El principe Constante de Calderon. Mit deutschen Anmerkungen von Dr. B. Lehmann. Frankf. a. M. J. D. Sauerländer. 1877.
Teatro español II. La vida es sueño por Calderon. Mit deutschen Anmerkungen von Dr. Bernh. Lehmann. Frankfurt a. M. Sauerländer. 1880.
Spanische Grammatik, Ollendorfs Methode. 7. Aufl. 1878.
Außerdem mehrere Aufsätze im Herrig'schen Archiv.

Beerdigung fand unter Teilnahme der Schule, zahlreicher Freunde und ehemaliger Schüler am 12. Juni statt. Der Unterzeichnete widmete dem heimgegangenen Kollegen und Freunde Worte der Liebe und der dankbaren Anerkennung. Sein Andenken lebt unter uns fort.

Am 8. August verschied Frau Johanna Henriette Wolter geb. Schmidt. Sie wurde im Jahr 1843 an unsere Schule berufen, um dem Direktor in der Beaufsichtigung der Mädchenschule zur Seite zu stehen und waltete dieses Amtes mit treuester Hingebung erfolgreich bis an ihr Lebensende, von allen, die ihre Berufstreue und ihren edlen Sinn kannten, geachtet und geehrt. Die Beerdigung fand Montag den 10. August statt und wie am Grabe, so entwarf der Unterzeichnete auch am folgenden Tage, bei der Eröffnung der Mädchenschule nach den Sommerferien, vor den versammelten Schülerinnen und dem Lehrer-Kollegium das Bild ihres von starkem Pflichtgefühl getragenen, wohlangewandten Lebens. Wir werden der Frau Wolter immer eine dankbare Erinnerung bewahren.

Mittwoch 13. August nachmittags starb plötzlich die Schülerin der ersten Klasse unserer Vorschule Frida Pausch (geb. 6. April 1875). Sie war noch an demselben Tage vormittags in der Schule gewesen und fröhlich aus derselben zurückgekehrt, als sie, einige Stunden später, infolge eines Blutergusses nach dem Gehirn plötzlich verschied. Wir beklagen mit den Eltern den Heimgang des gutgearteten, hoffnungsvollen Kindes.

An dieser Stelle erwähnen wir auch des Verlustes, den die Schule durch den am 16. Juli nach kurzem Krankenlager erfolgten Tod des Pedellen Johann Andreas Sinner erlitten hat. Sein Vater hatte das gleiche Amt 28 Jahre hindurch mit seltener Hingebung verwaltet (s. Einladungsschrift vom Jahre 1865, S. 47). Er trat im Jahre 1864 an die Stelle seines Vaters und hat bis an sein Lebensende seine Pflicht mit Verständnis und mit aufopfernder Arbeit musterhaft erfüllt. Ehre seinem Andenken!

Aus dem Lehrer-Kollegium schied mit dem Beginne des Schuljahres der Hilfslehrer Herr August Knorrn, um die Rektorstelle an der Stadtschule zu Fürstenwalde a. O. zu übernehmen; ferner nach Absolvierung des Probejahres, Herr Dr. Robert Philippson, während Herr Dr. Ferdinand Michel nach Absolvierung des Probejahres als wissenschaftlicher Hilfslehrer geblieben ist. Zur Vollendung des Probejahres, welches er Ende März 1883, um seiner Militärpflicht zu genügen, unterbrochen hatte, kehrte Herr Emil Strauß in die Schule zurück, gleichzeitig trat Herr Dr. Oswald Cohn zur Absolvierung des Probejahres ein.

Zum ordentlichen Lehrer wurde befördert Ludwig Tachau.

Ludwig Tauchau, geboren am 9. Februar 1858 zu Ülzen in der Provinz Hannover, erhielt seine Vorbildung in einem Privatinstitute in Celle und besuchte seit 1872 das Gymnasium in Hannover. Zu Ostern 1877 mit dem Zeugnisse der Reife entlassen, bezog er die Universität Göttingen, um klassische Philologie, Deutsch, Geschichte und Geographie zu studieren. Im Mai 1880 auf Grund seiner Dissertation: de enuntiatorum finalium apud Euripidem ratione atque usu zum Doktor der Philosophie promoviert, bestand er im Januar 1881 vor der königl. Prüfungs-Kommission zu Göttingen das Examen pro fac. doc. Von Ostern 1881—82 hielt er an der Realschule isr. Gemeinde zu Frankfurt a. M. das vorschriftsmäßige Probejahr ab, verblieb dann an derselben Schule als wissenschaftlicher Hilfslehrer und wurde Ostern 1884 zum ordentlichen Lehrer befördert.

An der höheren Töchterschule wurde als ordentliche Lehrerin Fräulein Emma Meier angestellt, welche schon seit 1880 an unserer Schule unterrichtet.

Das Lehrerkollegium besteht gegenwärtig außer dem Direktor — nach der Anciennetät — aus den Herren: Teblée, Louis Müller, Schönhof, Blum, Kunkel, Stix, Dr. Epstein, Wertheim, Herz, Dr. Brüll, Dr. Stern, Dr. Steinhard, Heinemannn, Dr. Mannheimer,

Frank, Dr. Philippson, Schulz, Dr. Ferwer, Scherer, Bornstein, Georg Müller, Dr. Kracauer, Dr. Tachau, Dr. Schwarz, Dr. Kuttner, Strauß, Dobriner, Dr. Ferd. Michel, dem cand. prob. Dr. Oswald Cohn und den Lehrerinnen Beer, Stern, Schierholz-J. Meier, Fischer und E. Meier.

Wegen Krankheit mußten im Sommersemester der Kollege Wertheim, im Wintersemester die Kollegen Dr. Stern, Kuntel und zuletzt auch Dr. Kuttner längere Zeit vertreten werden.

Aus dem Schulrat schied am Schluß des Schuljahres 1883/84 Herr Dr. med. Ernst Blumenthal, welcher seit dem Jahre 1881 den Vorsitz in dieser Behörde führte; an seine Stelle trat Herr A. Durlacher. Der Schulrat besteht aus den Herren: A. Durlacher (Vorsitzender), Moritz Bauer, Philipp Bonn, Felix Frank, Eduard Goldschmid, Bernhard Schuster, ferner aus den Delegierten des Gemeinde-Vorstandes, den Herren: Justizrat Dr. Fulb, Emil Rosenthal und Wilhelm M. Feist; der Gemeinde-Ausschuß entsandte zur Teilnahme an den Beratungen Herrn Joseph Baer-Friedmann.

V. Sammlungen von Lehrmitteln.

1) **Vermehrung der Lehrer-Bibliothek.** a) durch Ankauf: Günther, Lehrbuch der Geophysik Bd. I. Krebs, die Physik im Dienste der Wissenschaft. Rosenberger, Geschichte der Physik. Supan, Grundzüge der phys. Erdkunde. Goethe's Werke ed. v. Loeper. Dünzer, Erläuterungen zu den deutschen Klassikern, 8 Bdchn. Herder's Werke ed. Suphan, Bd. 7 u. 28. Jakob Grimm von Wilhelm Scherer. Ranke's Weltgeschichte, 5. Abth. Bd. 9 u. 10. Allg. deutsche Biogr. Bd. 19 u. 20. Jäger, Aus der Praxis. Cohn, Hygiene des Auges. Hann, Die Erde als Weltkörper. Leunis, Synopsis der Zoologie, II. Bd. 1. Abth. Maltzahn, Sittenbilder aus Tunis und Algerien. Rabbinowicz, Einleitung in die Gesetzgebung und Medicin des Talmuds. Hause, Novellen aus dem jüdischen Leben. Außerdem Fortsetzungen des Grimm'schen Wörterbuchs und die neuen Jahrgänge der nachfolgenden Zeitschriften: Centralblatt der Unterrichtsverwaltung, Pädagogisches Archiv, Herrig's Archiv, Hoffmann, Zeitschrift für math. Unterricht, Zarncke, literar. Centralblatt, Sklarek, Naturforscher, Behaghel u. Neumann, Literaturblatt, Allg. Zeitung des Judenthums, Revue des études juives.

b) **durch Geschenke**: Von Herrn Rabb. Dr. Horovitz seine Schrift „Frankfurter Rabbinen" III. Teil. Von der hiesigen Handelskammer ihren Jahresbericht für 1883. Von den Erben des sel. Herrn Dr. Ellissen mehrere Werke von Abr. Geiger, ferner de Wette, Lehrb. der hebr.-jüd. Archäologie, Zunz, die gottesdienstl. Vorträge der Juden, Treizenach, Schulchan Aruch und eine Anzahl Brochüren, das Judenthum betreffend. Von Herrn L. Dann hier, Morgenländische Bilder in abendländischem Rahmen von Dr. Leopold Stein. Von Herrn Grafen Pfeil seine beiden Schriften: Mathematische und physikalische Entdeckungen" und „Kometische Strömungen auf der Erdoberfläche." Von Herrn Henry A. Franklin mehrere englische Werke von Bulwer, Dixon, Percy, Hool, Disraeli und Collins.

Die **Schüler-Bibliothek** wurde teils durch Ankauf, teils durch Geschenke, deren wir mehrere insbesondere Herrn Jules May verdanken, vermehrt.

Außerdem erhielten wir von Verfassern und Verlegern eine ganze Anzahl von Lehrbüchern.

2) **Chemie und beschreibende Naturwissenschaft.** a) Anschaffungen: 1. ein Hofmann'scher Apparat, 2. ein Anlege-Goniometer, 3. Herpell, Pilze (Fortf.), 4. Zoologische Wandtafeln von Leuckart und Nitsche (Fortf.).

b) **Geschenke.** Von dem Schüler Wilhelm May: Gegerbte Krokodilhaut. Von den Schülern Franz und Albert Lindheimer: eine Lachmöve, ein Seehase (Cyclopterus lumpus). Von dem Schüler Hugo Nathan: Krokodilleder. Von dem Schüler Emil St. Goar: der Magenstein eines Kalbes. Von dem Schüler Heinrich Rothschild: ein Fuß des Damhirsches. Von dem Schüler Philipp Bonn: Kupferlasur und Malachit auf Sandstein. Von der Schülerin Julie Bamberger: Federn vom Argusfall. Von der Schülerin Jenny Neumann: Karlsbader Sprudelstein. Von dem Schüler Ludwig Marxsohn: Crinoidenstiele. Von dem Schüler Adolf Neumann: Petrefakten (Pecopteris) von Saarbrücken und Gold in Quarz eingesprengt aus Californien. Von Herrn Kollegen E. Strauß: Ein Fledermausskelett (Vesperugo serotinus). Von Herrn Carl Fulda: Eine Anzahl schöner Petrefakten von Wattenscheid in Westfalen (Lepidodendron, Sigillaria, Pecopteris, Calamites). Von Herrn Kollegen Dr. Kracauer: Eine Stufe Tigerstein. Von dem Schüler Josef Jandorf: mehrere Mineralien. Von dem Schüler Sali Heimann: verkieseltes Holz. Von dem früheren Schüler Herrn Arthur Gunzenhäuser: Eine gegerbte Krokodilhaut. Von dem Schüler Georg Sachs: die Vordertatzen vom Seehunde. Von Herrn Professor Dr. Noll: Ein Marabuschädel. Von den Schülern Wilh. und Jakob Fleischhauer: eine Quarzdruse. Von dem Schüler Sali Rosenbaum: große Bleiglanzkrystalle aus Sicilien. Von dem Schüler Karl Hesdörffer: Eine Krickente (Anas crecca). Von dem Schüler Albert Münzesheimer: Gußeisen. Von dem Schüler Alfred Einstein: verschiedene Naturalien. Von Herrn M. Wallau: einige Schmucksteine mit den Hauptschnittformen.

Allen Spendern sagen wir im Namen der Schule verbindlichsten Dank.

VI. Stiftungen und Unterstützungen von Schülern.

1. **Die David und Emanuel Höchberg'sche Stiftung** gewährte das Schulgeld für 17 Zöglinge unserer Schule. Die Verwaltung besteht aus den Herren: Albert Ochs (Vorsitzender), Felix Frank, Otto Höchberg, Anton Hortheimer und dem Unterzeichneten.

2. **Die Louis Mayer Maas'sche Stiftung** gewährte im Schuljahr 1884/85 das Schulgeld: einem Schüler und zwei Schülerinnen unserer Schule, drei Schülern des hiesigen Gymnasiums, einer Schülerin der Schule der isr. Religionsgesellschaft, 21 Zöglingen der isr. Volksschule, 34 Schülern und Schülerinnen städtischer Bürgerschulen, außerdem mehreren jungen Leuten zum Besuch der Fortbildungsschule. Mitglieder der Verwaltung sind die Herren: Hermann St. Goar, Wilhelm Feist, Felix Frank, Siegmund Una und der Unterzeichnete.

3. **Die D. H. Goldschmidt'sche Stipendienstiftung**, über welche wir hier auf Grund des § 11 ihrer Statuten zu berichten haben, hatte in dem Studienjahre 1884/85 achtundzwanzig Stipendiaten: einer ist Schüler des hiesigen Gymnasiums, je einer studierte die Rechte in Leipzig, Geschichte in Berlin, klassische Philologie in Berlin; 4 studierten Mathematik: einer in Berlin, zwei in Göttingen, einer in Würzburg; 6 studierten Medizin und zwar je einer in Leipzig, Bonn und München und drei in Würzburg; 9 studierten neuere Sprachen und zwar je einer in Marburg, Göttingen und Straßburg, zwei in Heidelberg, vier in Berlin; 5 besuchten Lehrer-Seminarien und zwar je einer in Kaiserslautern, Alzey und Ettlingen, zwei in Hannover. Die Berichte und Zeugnisse, die uns von den Stipendiaten vorliegen, geben uns die Gewißheit, daß mit ihrer Unterstützung den Absichten des edlen Stifters entsprochen wird. Die Verwaltung der Stiftung besteht aus den Herren: Albert Ochs (Vorsitzender), Adolf B. H. Goldschmidt, Joseph Baer, Felix Frank, Direktor Prof. Dr. Tycho Mommsen, Hirsch Wetzlar und dem Unterzeichneten.

4. **Die Creizenach-Stiftung** ist eine unserer Schule zugehörige, unter Aufsicht des Schulrats stehende Stiftung. Sie ist 1. eine Witwen- und Waisenkasse für die Hinterlassenen der dazu berechtigten Mitglieder des Lehrer-Kollegiums; 2. eine Hilfskasse für sämtliche an der Schule wirkenden Lehrer und Lehrerinnen im Falle der Erkrankung oder bei körperlichen Leiden.

Diese Stiftung besitzt bereits unter dem Namen B. H. Goldschmidt-Stiftung eine denselben Zwecken gewidmete Annex-Stiftung (s. Programm vom Jahre 1874, S. 63). Im Laufe dieses Schuljahres ist ihr eine neue Stiftung hinzugefügt worden. Aus Anlaß des am 9. März v. J. erfolgten Hinscheidens der Frau Auguste Sabel geb. Bechhold wurden nämlich von den Kindern der sel. Perez und Auguste Sabel'schen Eheleute, der Frau Martin Schwarzschild geb. Sabel hier, der Frau Siegfried Landsberg geb. Sabel in Offenbach und den Herrn Ernst, Paul und Friedrich Sabel in London am 15. April M. 2500, dann am 20. April eine gleiche Summe zu ehrendem Gedächtnis ihrer Eltern der Verwaltung der Creizenachstiftung übergeben. Mit diesen Beträgen als unangreifbarem Grundstock wurde, entsprechend der von den Spendern getroffenen Bestimmung, eine den Namen

Perez und Auguste Sabel'sche Stiftung

tragende Stiftung begründet und der Verwaltung der Creizenach-Stiftung unterstellt. Die Stiftung soll an ihrem Teile die oben bezeichneten Zwecke der Creizenach-Stiftung fördern helfen; der Verwaltung der Creizenach-Stiftung soll die vollständig freie Verfügung hinsichtlich der Verwendung der Zinsen des Grundfonds, der eingehenden Geschenke, sowie der Zinsen der für den Grundfonds eingehenden Zuwendungen zustehen.

Der Schulrat und die Verwaltung der Creizenach-Stiftung haben diese Stiftung angenommen und den edlen Spendern gebührenden Dank ausgesprochen. — Frau Auguste Sabel, deren Heimgang den Anlaß zu der Stiftung gegeben hat, war die Tochter des Lehrers an unserer Schule Jacob Bechhold, gest. den 13. Dezember 1862, und die Gemahlin unseres am 30. März 1878 verstorbenen Kollegen Perez Sabel. Jacob Bechhold lehrte an unserer Schule 45 Jahre, von 1809 bis 1854, Perez Sabel 43 Jahre, von 1828 bis Oktober 1871, beide haben durch ihre langjährige, verdienstliche Lehrthätigkeit wesentlich dazu beigetragen, den Ruf unserer Schule zu begründen und zu erhalten; Frau Auguste Sabel, ebenso ihre Kinder und ihre hier lebenden Enkel waren Zöglinge unserer Schule. Diesem von dem Anfange unseres Jahrhunderts bis auf unsere Tage ununterbrochen sich hinziehenden Zusammenhange der Familie mit unserer Schule ist durch die Pietät und den Edelsinn der Sabel'schen Kinder in der von ihnen begründeten Stiftung ein schönes, bleibendes Denkmal errichtet worden, dessen Pflege zum Besten der Schule und im Sinne der Stifter eine Ehrenpflicht der Verwaltung der Creizenachstiftung bleibt.

Eine weitere ansehnliche Zuwendung hat die Creizenach-Stiftung durch ein Legat des am 23. Mai 1884 verstorbenen Herrn Dr. jur. Leopold Obrell erhalten. Derselbe vermachte unserer Stiftung letztwillig fünftausend Mark, mit der besonderen Bestimmung, das jährliche Zinserträgnis dieses Kapitals als Jahresbeitrag des Vermächtnisgebers und in dessen Namen für den Zweck der Stiftung zu verwenden. Dem Namen des kinderlos dahingegangenen Mannes bleibt durch diese Spende in unserm Kreise ein dankbares Andenken gesichert.

Die anderen für die Creizenach-Stiftung eingegangenen Gaben sind weiter unten verzeichnet. Wir sprechen allen Gebern im Namen der Schule unsern Dank aus.

Verzeichnis

der

für die **Creizenach-Stiftung** vom 16. März 1884 bis 8. März 1885

eingegangenen Gaben.

A. Geschenke.

	Mk. Pf.
Von Frau Moritz B. Goldschmidt zum 7. April	300.—
„ Herrn Wilhelm Emden am Todestage seines Vaters	20.—
„ Herrn N. S. Schwab am Todestage seiner Tochter Flora	20.—
Zum 13. April	25.—
Von Herrn Emil Ullmann in Paris zum 26. April	16.—
Zur Erinnerung an den am 9. Mai 1873 verst. Herrn Leopold Joachim Beer	50.—
Von Herrn Moritz Deutz zum 17. Mai	10.—
„ „ Hermann Busek am Todestag seines Vaters	5.—
„ Frau Max Hochstädter zum 21. Mai	20.—
„ „ Joseph Oppenheim in Brüssel zum Andenken an ihren verst. Gatten, durch Hrn. Jules May	500.—
Zum Andenken an Herrn Salom. Jac. Schwarzschild	20.—
Von den Kindern des Hrn. Siegmund Stern an dessen Todestage	100.—
„ H. J. am Todestage ihres Gatten	50.—
Zum 30. August	20.—
„ Andenken an die verst. Frau Auguste Königswerther, geb. Stiebel, von deren Kindern	50.—
Von den Erben der verst. Frau Charlotte Horwitz, geb. Trier	30.—
„ Herrn und Frau E. Metzger zum Andenken an die verst. Frau Bertha Friedberg, geb. Zirndorfer (29. Juli)	50.—
„ Herrn Siegmund Elkan	20.—
„ Frau Bernh. Wiesengrund am Todestag ihres Gatten	6.—
„ Frau D. Kahn am Todestage ihres Vaters	5.—
„ „ Jos. Rosenheim desgl.	6.—
„ „ Pauline Rieser zum 4. November	10.—
„ „ L. Hanau Wwe. zum Andenken an ihren Gatten, an dessen Todestage	—.20
„ Herrn Moritz Löhren am 14. November	10.—
„ den Herren Joseph u. Karl Nauheim in London am Todestage ihrer Mutter	30.—
„ Frau N. L. am Todestage ihres unvergeßlichen Gatten	10.—
„ Frau Theodor Wiesengrund zum 22. Nov.	10.—
„ Herrn Herm. Erlanger zum Andenken an seine verst. Tante, Frau Regina Blumenthal	10.—

	Mk. Pf.
Von C. K. zum 5. Dezember	15.—
„ Herrn H. Bechhold am Todestage seines Vaters (2. Dezember)	20.—
„ H. J. am Todestage ihrer Mutter	25.—
„ Herrn Adolf S. M. am Todestage seiner Gattin	75.—
„ Frau D. Kahn Wwe. am 17. Dec.	5.—
„ „ Bernhard Salin am 19. Dec.	30.—
„ den Herren James und Theodor Stern am Todestage der Frau Louise Stern	100.—
Am Todestage des Herrn Wilhelm Stern von seinen Kindern (24. Dec.)	100.—
Von den Hinterbliebenen des Herrn Samuel Stern an dessen Todestage (29. Dec.)	50.—
Zur Erinnerung an die am 25. Dec. 1880 verst. Frau Sophie Beer	50.—
Von Frau Joseph Nathan beim Tode ihres Bruders Gustav Blum in Bergzabern	10.—
„ Herrn H. L. Bechhold bei der Vermählung seiner Tochter Bertha	10.—
„ Frau Delphine Mosbacher zur Erinnerung an ihren geliebten Vater Herrn S. M. Blank	10.—
„ Frau Delphine Mosbacher zum Andenken an ihre sel. Schwester Frau Betty Simon, geb. Blank	10.—
„ Herrn Gustav Cassel am Todestage seines sel. Töchterchens Helene (21. Tebeth)	20.—
„ Frau Regine Mayer, geb. Mainz, am Todestage ihres Vaters	4.—
„ Herrn Isaac Mayer am Todestage seiner Nichte Clara	3.—
„ Frau Dr. Reiß am 27. Januar	40.—
Nach dem letzten Willen der sel. Frau Käthchen Oppenheimer, geb. Gamburg, aus deren Nachlaß	15.—
Von Herrn Edwin Franlau in London 5 £.	
„ Familie Bottenwieser zur Erinnerung an Frau Sara Bottenwieser, geb. Pohl	30.—
„ Herrn Carl Hecht zum Jahresgedächtnis seines sel. Vaters	20.—
„ Herrn Hermann Erlanger zum Andenken an den Todestag seiner Mutter, Frau Sara Erlanger	10.—
„ Herrn Moses Cassel zur Erinnerung an den Todestag seiner unvergeßlichen Tochter Betty	20.—
„ Herrn Emile Ullmann in Paris am 26 Feb.	10.—

b. Gaben beim Eintritt von Zöglingen.

	Mk. Pf.		Mk. Pf.
Von Herrn D. L. Frankfurter	3.—	Von Herrn Maximilian Abeles	3.—
„ „ Hermann Baer	3.—	„ „ Jacob Stern	3.—
„ „ Heinrich Wisloch	10.—	„ „ Jonas Schloß	2.—
„ „ Nathan Baer	10.—	„ „ Carl Koch	3.—
„ „ Salomon Winter	2.—	„ „ Leopold Roser	3.—
„ „ Moriz Baer	3.—	„ „ Michael Lahnstein	2.—
„ „ Aaron Meyer	5.—	„ „ Ignaz Berger	3.—
„ „ Ludwig Schames	5.—	„ „ L. Rothfels	2.—
„ „ M. Kirschbaum	5.—	„ „ H. Klein	2.—
„ „ Max Jsaac	3.—	„ „ Marcus Sichel	4.—
„ „ Nathan Adler	5.—	„ Frau Wilhelmine Berger	3.—
„ „ St. Odenheimer	5.—	„ Herrn Em. Rosenthal	3.—
„ „ H. Flegenheimer	4.—	„ „ S. Baer	3.—
„ „ M. Bermann	1.—	„ „ Jac. Hochschild	4.—
„ „ B. Roßwald	5.—	„ Frau Caroline Fürth geb. Blumenthal	3.—
„ „ M. Faller	1.—	„ Herrn Herm. Gottschalk	2.—
„ „ A. H. Eisenmann	1.—	„ „ N. Rothschild in Mosbach	3.—
„ „ David Palm	5.—	„ „ Leonh. Dinkelspiel	3.—
„ „ Alb. Homberger	6.—	„ „ H. Wetzler	3.—
„ „ Siegfr. Carsch	5.—	„ „ M. Frank	3.—
„ „ S. Epstein	5.—	„ „ D. Oppenheimer	2.—
„ „ C. W. Fuchs	3.—	„ „ Alexander Zunz	10.—
„ „ F. Kahn	1.—	„ „ Ernst Schweizer	2.—
„ „ B. Adler	2.—	„ „ Jacob May	5.—
„ „ Leop. St. Goar	5.—	„ „ David de Lima in New-York	20.—
„ „ Moriz Fischel	2.—	„ „ David Nordmann in Lörrach	3.—
„ „ G. Oppenheimer	2.—	„ „ M. Marx	2.—
„ Frau Helene Scheuer	2.—	„ „ Nathan Weiß	5.—
„ Herrn M. Stern	2.—	„ „ Henry Bonas in London	3.—
„ „ M. Maas	4.—		

c. Gaben beim Austritt von Zöglingen.

	Mk. Pf.		Mk. Pf.
Von Herrn Wilh. Katz	10.—	Von Frau Cahen Wwe.	10.—
„ „ Siegmund Cahn	10.—	„ „ Rosalie Merzbach	20.—
„ „ Philipp Leser	20.—	„ Herrn B. S. Schlesinger	20.—
„ Frau Jeannette Homburger geb. Mayer	10.—	„ „ Carl Ludwig Koch	10.—
„ Herrn Ludw. Hirsch	10.—	„ „ Julius Silbermann in Nürnberg	6.—
„ „ L. Schwerin	3.—	„ „ Leopold Simon	10.—
„ „ Alfred Geiger	10.—	„ Frau Caroline Strauß	10.—
„ „ Sim. Hermann	3.—	„ Herrn L. Dinkelspiel	25.—
„ „ J. L. Flint	20.—	„ „ Hieronymus Dessauer	10.—
„ „ Jac. Scherer	3.—	„ „ David Stern	10.—
„ „ Dr. Baerwald	3.—	„ „ M. Marxsohn	5.—
„ „ S. Haas	10.—	„ „ H. Didout	20.—
„ „ Ludwig Sternberg	5.—	„ „ Adolf Marxsohn	10.—
„ „ Max Gunzenhäuser	10.—	„ „ Dr. Berthold Geiger	10.—

d. Gottespfennige.

	Mk. Pf.		Mk. Pf.
Von Herren Jacob Gräff und Herm. Manes bei Wohnungsmiethe	4.—	Von Herren H. Manes und Jul. Scheuer desgl.	2.—
„ „ Herm. Manes und Robert Heurich desgl.	2.—	„ „ Goldschmidt und Wilke desgl.	4.—
„ „ Herm. Manes und Herm. Straußberg desgl.		„ „ Herm. Manes u. Jul. Angelheim desgl.	6.—
„ Fräul. B. Löwenthal u. Hrn. Dr. Epstein desgl.	4.—	„ „ H. L. Bechhold und J. Strauß desgl.	1.—
„ Herren St. Beuken und M. Grünewald desgl.	2.—	„ „ H. L. Bechhold und B. Baer desgl.	1.—
		„ „ H. L. Bechhold und S. Jacob desgl.	1.—
		„ Frau Dr. B. Lehmann u. Gebr. Schottenfels	10.—

Für die **Perez und Auguste Sabel'sche Stiftung**: Von Frau Martin Schwarzschild hier und Frau Siegfried Landsberg in Offenbach zum Andenken an ihre liebe Mutter Mk. 100.

Ordnung der öffentlichen Prüfung.*

A. Real- und Vorschule.

Montag, 23. März.
Vormittag.

Eröffnungs-Gesang 8 Uhr.

Sechste Klasse.

8 bis 9 { Französisch . . . . . } Dr. Lachau.
        { Geographie . . . . . }

Siebente Klasse A.

9 bis 9¾ { Deutsch . . . . . } Scherer.
          { Rechnen . . . . . }

Gesang.

Siebente Klasse B.

9¾ bis 10½ { Biblische Geschichte . . . } Frank.
            { Deutsch . . . . . . }

Gesang.

Achte Klasse.

10½ bis 11¼ { Rechnen . . . . . Heinemann.
              { Deutsch . . . . . Dr. Kuttner.

Gesang.

Neunte Klasse.

11¼ bis 12 { Deutsch . . . . . } Heinemann.
            { Rechnen . . . . . }

Gesang.

Nachmittag.

Fünfte Klasse.

2½ bis 3¾ { Va Deutsch . . . . Dr. Steinhard
            { Vb Geschichte . . . Schönhof.
            { Vab Biblische Geschichte . Dr. Schwarz.

Vierte Klasse.

3¾ bis 5 { IVa Französisch . . . Dr. Ferwer.
          { IVa Geometrie . . . . Strauß.
          { IVb Französisch . . . Bornstein.

Dienstag, 24. März.

Dritte Klasse.

8 bis 9¼ { IIIa Geschichte . . . . Dr. Kracauer.
          { IIIb Englisch . . . . Dr. Ferwer.
          { IIIab Hebräisch . . . . Dr. Brüll.

Zweite Klasse.

9¼ bis 10¾ { IIa Physik . . . . . Dobriner.
            { IIb Englisch . . . . . Dr. Philippson.
            { IIa b Chemie . . . . Blum

Erste Klasse.

10¾ bis 12 { Mathematische Geographie . Dr. Epstein.
            { Französisch . . . . . Herz.
            { Mathematik . . . . . Wertheim.

Nachmittag.

Turnprüfung.

Von 3 Uhr an { 5. und 3. Mädchenklasse . Schulz.
              { Vorschulklasse I . . . . Frank.
              { IV. und I. Klasse . . . Schulz.

---

* An die Angehörigen unserer Schüler und Schülerinnen richten wir im Interesse der während der Prüfung erforderlichen Ruhe die Bitte, Kinder, auch wenn sie unserer Schule angehören, nicht mitzubringen.

B. Mädchenschule.

Mittwoch, 25. März.
Vormittag.
Gesang.

Sechste Klasse.
8 bis 9 { Französisch . . . . . Frl. E. Meier.
Deutsch . . . . Frau Stern.

Siebente Klasse.
9 bis 10 { Rechnen . . . . . . Frl. J. Meier.
Deutsch . . . . „ E. Meier.

Gesang.
Achte Klasse.
10 bis 11 { Biblische Geschichte . . . } Frl. J. Meier.
Rechnen . . . .

Neunte Klasse.
11 bis 12 { Deutsch . . . . } Frau Stern.
Rechnen . . . .

Gesang.
Nachmittag.
Fünfte Klasse.
3 bis 4 { Rechnen . . . . . . Scherer.
Geschichte . . . . . Dr. Mannheimer.

Vierte Klasse.
4 bis 5 { Naturgeschichte . . . Blum.
Geographie . . . . . Dr. Mannheimer.

Donnerstag, 26. März.
Vormittag.

Dritte Klasse.
9 bis 10 { Französisch . . . . . Frl. Fischer.
Religion . . . . Dr. Brüll.

Zweite Klasse.
10 bis 11 { Deutsch . . . . Dr. Mannheimer.
Englisch . . . . Dr. Philippson.

Erste Klasse.
11 bis 12 { Französisch . . . . . Frl. Fischer.
Physik . . . . Dr. Epstein.

Donnerstag, 26. März, nachmittags 3 Uhr.
Entlassungs- und Schlußfeier.
Gesang.
Deklamation.
Gesang.
Schlußrede des Direktors.
Gesang.

Die Proben der deutschen und englischen Schönschrift, die unter der Anleitung der Herren Louis und Georg Müller angefertigt wurden, sind während der Prüfung im Saale aufgelegt.

Dienstag den 24. und Mittwoch, den 25. März, von 12 Uhr an, ebenso Donnerstag am Schluß der Feier, sind die unter Leitung des Herrn Stix und Frl. Schierholz angefertigten Probezeichnungen, sowie die unter Leitung der Lehrerinnen Frau Beer und Frl. Emma Meier angefertigten Handarbeiten in den dafür bestimmten Klassenzimmern aufgestellt.

Die hohen Behörden, der Vorstand und Ausschuß der israelitischen Gemeinde, der Schulrat, die Eltern der Schüler und Schülerinnen, sowie alle Freunde der Jugend werden zur bevorstehenden Prüfung und Schlußfeier ehrerbietig eingeladen.

Benachrichtigung.

Montag, den 13. April, vormittags 8 Uhr, findet die Prüfung derjenigen Schüler und Schülerinnen statt, welche für eine andere als die unterste Klasse angemeldet sind.

Montag, den 13. April, nachmittags 2 Uhr, beginnt der neue Lehrkursus.

Direktor Dr. Baerwald.